LA HISTOI
Aparición de M

Por
P. James P. O'Reilly, M.S.
Traducido por Norman H. Butler M.S.
Revisado: Carmen Morales y Magda Morales

¹o mi pueblo."
de María)

:r Publications

:tts 02703
.lette.org

Primera edición: 1953; 1953, J.S. Paluch Co. Inc. Publicado originalmente en inglés con el título: The Story of La Salette.

Segunda edición: Edicion sudamericana, re-editado en 19 de septiembre de 2014, conmemorando 150 años de la Congregación de Los Misioneros de Nuestra Señora de La Salette.

Tercera edición (y ampliada): Edicion sudamericana en castellano Septiembre, 2014.

Cuarta edición (y ampliada): Edición norteamericana en castellano. Nota: esta edición ampliada contiene una selección más amplia de imágenes y una cronología ampliada y actualizada. Copyright © Domingo 14 de abril de 2019, 06106-2330, Estados Unidos

Imprimi Potest: Rev. Fr. Rene J. Butler, M.S., Misioneros Superiores Provinciales de Nuestra Señora de La Salette, Provincia de María, Madre de las Américas, 915 Maple Avenue Hartford, CT 06106-2330, Estados Unidos

Versión de la Biblia: Biblia de América, Edición íntegra para la Conferencia del Episcopado Mexicano, y autorizada por la Confer-encia Episcopal de Columbia y la Conferencia Episcopal de Chile, Atenas PCC Sígueme Verbo Divino. 2e edición, © La Casa de La Biblia, 1994.

Impreso en los Estados Unidos de América.

Traducción de inglés: Revisado: Carmen Morales y Magda Morales ;

Diseño de folletos y formato digital: Jack Battersby y el p. Ron Gagné, M.S.

Este y otros títulos de La Salette están disponibles en papel, libro electrónico y audiolibros en: www.Amazon.com, itunes.Apple.com y www.lasalette.org

ISBN : 978-1-946956-28-6

Contents

Prefacio a La Tercera Edición en Castellano   iii

Agradecimiento   iv

Capítulo 1: Lugar y Testigos   1

Capítulo 2: La Aparición   7

Capítulo 3: La Gran Noticia Se Difunde   18

Capítulo 4: Los Primeros Frutos De La Aparición   33

Capítulo 5: En La Escuela De Las Hermanas   45

Capítulo 6: Las Pruebas De Autenticidad De La Aparición   58

Capítulo 7: La Investigación Canónica   74

Capitulo 8: El Santo De Ars Y La Salette   81

Capítulo 9: El Envío De Los Secretos A Roma   90

Capítulo 10: El Obispo Aprueba La Salette   102

Capítulo 11: Los Pastorcitos Después Del Gran Acontecimiento   110

Capítulo 12: Melania Después de 1851   125

Capítulo 13: La Peregrinación a través De Los Años   134

Capítulo 14: Los Misioneros de La Salette   152

Capítulo 15: La Salette Hoy   163

Bibliografía   170

Apéndice: Oraciones de La Salette   171

Prefacio a La Tercera Edición en Castellano

Hace más de cincuenta años, que el P. James P. O'Reilly M.S., se puso a escribir "The Story of La Salette" en inglés para conmemorar el centenario de la aparición.

P. Norman H. Butler, M.S.
(1948-2019)

El hecho de que hoy el mismo libro sea traducido al castellano, demuestra que su valor realmente perdura.

Felicitamos al P. O'Reilly por esta obra que durante tantos años ha respondido al pedido de la Virgen de La Salette: "Háganlo conocer a todo mi pueblo". Al mismo tiempo reconocemos que en el recorrer de cincuenta años hay aspectos secundarios del libro que han necesitado reajustes.

Por eso, mientras que es al mismo P. O'Reilly, a quién debemos el presente libro, podemos decir que es un libro redactado, a fin de darle hoy ese mismo brillo que tenía al ser publicado por primera vez.

Finalmente, destacamos dos capítulos nuevos: uno sobre la historia de Los Misioneros de La Salette en América Latina, ya que esa historia tendrá interés para los lectores latinos. El otro capítulo nuevo es sobre el texto de los "secretos" descubiertos en 2001.

La traducción en castellano fue motivada por el amor a La Salette manifestado por los novicios del año 1992 y muchos fueron los amigos que revisaron el texto que hoy se publica.

Nuestra Señora de La Salette, Reconciliadora de los pecadores, ¡ruega siempre por nosotros que recurrimos a ti!

Córdoba, Argentina, 19 de septiembre de 2014.
P. Norman H. Butler, M.S., Traductor

Agradecimiento

Quiero agradecer a mis hermanos Misioneros de La Salette por su ayuda en la publicación de este libro. De manera especial reconozco la crítica valiosa del P. LionelAubin, M.S., profesor de teología en el seminario saletense en Ipswich, Massachusetts, igualmente la lectura crítica de la Hermana Evelyn, de las Hijas de la Misericordia Divina, Academia de San José, West Hartford, Connecticut.

En la aparición, María misma pidió que se haga conocer su visita y su urgente mensaje "a todo su pueblo". Este autor espera haber puesto su granito de arena para que ese pedido se haga realidad.

P. James P. O'Reilly, M.S.
Seminario Saletense
Hartford, Connecticut
USA

A mi madre que me llevó
como niño a la montaña
de María

Capítulo 1: Lugar y Testigos

Plácida cima de la montaña donde ocurrió la Aparición

Lugar Geográfico De La Aparición

El acontecimiento que aquí se relata, ocurre al sudeste de Francia, en la diócesis de Grenoble, en una montaña de la parroquia de La Salette.

Normalmente, los peregrinos que van a La Salette, pasan por la ciudad de Grenoble, una de las ciudades más bonitas y grandes del sur de Francia.

De Grenoble, avanzan a Corps y después pasan por un pueblito donde se encuentra la iglesia parroquial de La Salette, llegando después a otro más pequeño que se llama Ablandins, que es el último que uno encuentra. En casi todo el recorrido hay campos cultivados, pero pasando Ablandins, sólo se ven unos pocos árboles y, subiendo más, sólo cerros y pastos. De Grenoble, el recorrido es de 2 horas en bus.

Aquí, a 1,800 metros sobre el nivel del mar, rodeada por las cumbres de los Alpes, hay una pequeña planicie que se llama Sous les Baisses. Fue en este lugar donde María apareció. Uno no podría desear un lugar más magnífico y majestuoso como este, para recibir a la Reina del Cielo.

El lugar ofrece el silencio del desierto y la belleza de las montañas, que induce al peregrino a olvidar el mundo ruidoso que ha dejado atrás y dirigir hacia el cielo un alma llena de oración.

Los Niños Antes De La Aparición

El Dios Todopoderoso manifiesta su poder cuando realiza maravillas a través de *los pequeños y débiles de este mundo*. Piensa en el Evangelio entregado a doce pobres pescadores rústicos, que no tenían prestigio humano alguno. No nos sorprende entonces, que la Señora eligió a dos niños humildes, ignorantes y sencillos para hacer de ellos testigos de su aparición y mensajeros de sus advertencias maternales *a todo su pueblo*. Esta es una breve historia de estos pastorcitos que iban a llegar a ser famosos de un día para el otro, y que perderían para siempre la paz y la soledad de sus montañas.

Maximino Giraud nació el 27 de agosto de 1835 en Corps. Su madre murió cuando el sólo era un bebé; el segundo matrimonio de su papá le dio una madrastra bastante severa. La familia era muy pobre, y su papá era un cristiano alejado de la Iglesia. Sin su madre verdadera, el niño no contaba con el afecto necesario, creciendo como una planta sin sol. No fue a la escuela ni a la iglesia; no sabía nada del catecismo y su pasión era el juego y la diversión.

Maximino, de estatura baja, parecía aún más joven de lo que realmente era. Tenía cara redonda y bastante buen mozo. Su piel, blanca y fina, de buen cutis. Tenía grandes ojos, expresivos y hermosos.

Aunque un poco travieso e irresponsable, no le faltaba inteligencia. Demostraba poca capacidad para pensar en el mañana. Por ejemplo, cuando llevaba sus vacas a pastar, según su patrón Pedro Selme, el niño comenzaba su día comiendo todo lo que había llevado para su almuerzo, su pan y su queso, que compartió con su acompañante fiel, el perro Lulú. Si alguien le preguntaba: *¿pero qué vas a comer a la hora del almuerzo?*, respondía: *pero no tengo hambre*. Maximino no podía pensar en el futuro.

En una oportunidad, después de la aparición, alguien comentó: *Maximino, me han dicho que antes de la aparición, sabías contar cuentos, o sea, cosas que no eran la verdad*. Y Maximino respondió honestamente sonriendo: *Te han dicho la verdad. Mentí, juré y tiraba piedras contra las vacas*.

Pedro Selme, el patrón de Maximino, lo describió ante la Comisión Episcopal de Investigación como *un niño inocente y sin maldad*, naturalmente franco, leal y bueno. Maximino no puede mantener una mentira por mucho tiempo; pronto su naturaleza y sinceridad le obligan a revelar todo. Pero, sin duda, lo que en Maximino más le atrajo a Nuestra Señora fue su corazón puro y su santa ignorancia del vicio.

Melanie Mathieu tenía casi quince años en el momento de la Aparición, mientras que Maximino tenía sólo once. Su padre Calvat, con el sobrenombre de Mathieu, tenía mucha dificultad en criar a su gran familia. Melania fue la mayor de los cinco hermanos que conformaban la familia, y cuando sólo tenía diez años, le dieron el trabajo de pastora. Ella vivía en la casa de un campesino de un Pueblito cercano. ¿Por qué? Porque con la salida de Melania de la casa, había uno menos para dar de comer; era un alivio para su padre que apenas podía mantener la familia.

Ella se quedó dos años con este campesino. Como otros niños pastores, tenía la tarea de cuidar los rebaños y llevarlos a pastar en las montañas. Normalmente salían de su casa muy temprano sin regresar hasta la caída del sol. Por esta causa, Melania casi nunca asistía a la Misa, y su patrón no se preocupó de su instrucción religiosa; de hecho, Melania apenas podía hacer la señal de la cruz. Además su memoria era tan pobre que parecía imposible enseñarle una página del catecismo. Ella sabía rezar pocas oraciones.

Después de dos años en este trabajo, Melania fue enviada a Saint-Luce, lugar donde permaneció dos años más como pastora, sin recibir educación en la fe. Ahora tenía más de catorce años. En marzo de

1846, el año de la aparición, Melania se encontraba en la casa de un buen patrón llamado Baptista Pra. El vivía en el pueblito de Ablandins y le pagó a Melania un poco mejor que otros patrones. A los quince años, Melania estaba tan atrasada, tan pequeña, que parecía de sólo diez años.

Maximino y Melania

Como Maximino, ella conservaba toda su simplicidad de niña, y se puede decir con prudencia, que había preservado a los ojos de Dios, los ornamentos bellos de la Gracia e inocencia bautismal.

Sin embargo tenía sus faltas. Muchas veces estaba de mal humor. Era terca y a veces respondía mal. En algunas ocasiones se negaba responder a la gente que le hablaba; actuaba de esta forma más por naturaleza que por reflexión, porque no había nadie suficientemente interesado en ella para ayudarla a combatir estos defectos de carácter. Nadie se interesaba por su educación. Verdaderamente, Melania era de una inteligencia limitada. Por ejemplo, cuando sus ropas estaban mojadas después de una tormenta, no se le ocurría cambiarse; y a veces, pasaba toda la noche al aire libre si sus patrones no la obligaban regresar a casa.

Sin ser bonita, Melania era de aspecto agradable y de gran modestia, tímida, introvertida y simple. Nadie tendría menos capacidad que Melania de crear un fraude o inventar una historia y mucho menos sostener una historia mentirosa.

Maximino entendió unas pocas palabras del francés. Melania no podía hablar ni entender nada más que el dialecto del lugar.

Los dos niños se conocieron muy poco tiempo antes de la aparición. Ambos habían nacido en Corps, pero había una buena distancia entre sus casas, ubicadas en dos extremos de Corps. Además, Melania estuvo ausente de su hogar por casi cinco años, durante los cuales sólo pasó unos pocos días de invierno en su pueblito. Como vemos, estas circunstancias contribuyeron para que los dos niños no se conocieran. ¿Qué ocasionó entonces su primer encuentro el día jueves 17 de septiembre de 1846, apenas dos días antes de la Aparición?

El pastor de Pedro Selme, que tenía terrenos en Ablandins, se enfermó. Entonces, el domingo 13 de septiembre, este campesino fue a Corps para visitar a su amigo Giraud, papá de Maximino. Gi-raud arreglaba ruedas, pues era su oficio. Selme pidió a Giraud la ayuda de su hijo Maximino, cuyo apodo era "Memin". Solicitó la ayuda del niño por unos días mientras el otro pastor se recuperaba de su enfermedad. El padre de Maximino sabía que su hijo era medio travieso e irresponsable y al principio se negó, pero finalmente aceptó cuando Selme prometió que iba a cuidarlo como si fuera su propio hijo.

Entonces, el nuevo patrón de Maximino le dio la responsabilidad de cuidar del rebaño. Pero sabiendo que este niño era irresponsable, le acompañaba cada mañana a partir del domingo 13 de septiembre, en la subida a la montaña. Luego el patrón regresaba y Maximino quedaba para cuidar el rebaño. Durante el resto del día, Selme trabajaba en uno de los campos cercanos, sin perder de vista al niño que estaba en otro cerro cuidando las vacas.

El día jueves 17 de septiembre, los rebaños, tanto de Baptista Pra como de Pedro Selme, se unieron en la montaña, y Maximino vio a Melania por primera vez. "¡Hola niña!—gritó Maximino—, *voy a ir contigo. Yo también vengo de Corps.*

Melania era tímida y al principio no le prestaba atención, pero después lo invitó a acercarse y sentarse a su lado, y comenzaron a jugar con las flores. Y como suelen hacer los niños, muy pronto se hicieron amigos. Pedro Selme, mirando desde su campo, vio a los dos niños jugando juntos. El mismo había apoyado esa amistad, porque de esa forma Maximino se mantendría en su trabajo. Selme había dicho al niño: *hay una pastorcita de Corps que va a la montaña; puedes ir con ella si deseas.*

Maximino estaba muy contento con su compañera, y el viernes, al anochecer, cuando cada uno regresaba a la casa de sus patrones, Maximino dijo a Melania: *Vamos a ver quién llega primero a la montaña mañana.*

Mañana era el 19 de septiembre de 1846.

Capítulo 2: *La Aparición*

Madre Llorona en el Sezia

Al día siguiente, muy temprano, Maximino y Melania subieron a la montaña llamada Planeau, y pasaron la mañana cuidando sus rebaños de vacas en los cerros de la zona de La Salette. El clima era ideal y un sol radiante de otoño iluminaba todas las cumbres de los alrededores como en los días más hermosos de verano.

Cerca del mediodía, después de comer su pobre almuerzo de pan y queso, los dos niños, contrario a sus hábitos normales, sintieron sueño y se pusieron a dormir sobre el pasto. Estaban cerca de una fuente de agua que hacía mucho tiempo había quedado seca, pero que pronto llegaría a ser famos Durmieron profundamente. Cuando Melania despertó no podía ver sus vacas; se levantó rápidamente y tomando su bastón de pastora gritó a Maximino: ¡Memin!, *¿dónde están las vacas?*

Subieron de prisa al declive del Monte Planeau. Vieron con gran alivio que las vacas estaban tranquilamente en el cerro vecino pastando, en el Monte Gargas. Reconfortados volvieron bajando hacia esa fuente seca para buscar sus bolsas.

La Hermosa Señora

Estaban a la mitad de ese corto

trecho cuando Melania, que caminaba delante de Maximino, observó de repente una luz fuerte cerca de la fuente seca. Era una luz más brillante que el sol, que en ese momento deslumbraba con todo su resplandor. Quedó ahí aterrorizada y dijo a Maximino:

¡Memin, mira esa luz tan grande allí"¿Dónde?, preguntó Maximino.

Melania contestó: *¡allí!*

La luz era tan fuerte que momentáneamente estaban atónitos y restregaron sus ojos para poder ver mejor. La luz se fue abriendo y los pastorcitos vieron a una Señora sentada sobre unas piedras cerca de la fuente seca. La Señora tenía sus codos apoyados en las rodillas y su cara escondida entre sus manos. Era la actitud de una mujer que tenía un gran dolor.

Esa era la hora justa cuando en todo el mundo, la Iglesia, de ese año, cantaba las primeras Vísperas de la fiesta de la Virgen de los Dolores. La liturgia estaba aplicando a Nuestra Señora estas palabras de las Lamentaciones Bíblicas: *"¡Todos ustedes que pasan por este camino, miren y vean si hay algún dolor igual a mi dolor!" (Lamentaciones 1 :12).*

¡Dios mío! Exclamó Melania asustada. Alzó sus manos y dejó caer su bastón de pastora.

Un poco más valiente, Maximino intentó darle ánimo a Melania diciéndole: *¡Guarda tu bastón; yo guardaré el mío y le daré un buen golpe si trata de hacernos daño!*

Los niños quedaron como congelados, sin moverse, sus ojos fijos sobre esa aparición. La Señora entonces quitó sus manos de su rostro, se levantó y cruzó sus brazos escondiendo sus manos en las amplias mangas de su vestido. Avanzando un poquito hacia los pastorcitos, les dijo con una voz muy tierna:

"¡Acérquense hijos míos, no tengan miedo, les vengo a contar una gran noticia!"

Estas palabras tranquilizaron por completo a los niños y ellos corrieron a su encuentro. Se aproximaron tanto a la Bella Señora que una persona no podría haber pasado por el espacio que quedaba entre

8

Ella y los niños. Melania a la derecha de la Señora y Maximino a su izquierda. Estaban envueltos en la gran luminosidad que rodeaba a la Señora.

Su mirada era tan dulce y tierna que los pastorcitos quedaron encantados y felices. Pero observaron que Ella lloró durante todo el tiempo que les hablaba. Sus lágrimas también eran muy brillantes y no caían a la tierra, sino que desaparecían como chispas de fuego cuando llegaban al nivel de sus rodillas, confundiéndose en la luminosidad que la rodeaba.

Los niños describieron a esta Señora como *más alta de lo normal y bien proporcionada*. Ella estaba rodeada por dos luminosidades inmensas. El resplandor de esto, sin embargo, no era comparable con la luz de su rostro, que era una luz más brillante y más hermosa que la otra luz que rodeaba la Aparición.

Ninguno de los dos testigos podía determinar de qué tela estaba hecho su vestido.

Las únicas comparaciones que podían emplear para explicar eran aquellas de forma, luz y color. Usaron la palabra "gorra", para describir lo que la Señora tenía en su cabeza. (No llevaba corona). Pero no encontraron ninguna palabra que pudiera describir el material de que estaba hecho, salvo la luz, como si fuera hecho de hilos brillantes. En la frente de la Señora brillaba un adorno de rosas, que salían de su gorra. Del centro de las rosas salía un estilo de llamas, que se levantaban como incienso mezclándose en la luz que rodeaba la aparición. Había algo como si fueran perlas brillantes que parecían salir de entre las rosas. Los niños expresaron esto diciendo: *Eran como ramas que luego se abrían en pequeñas ramitas brillantes.*

La Señora estaba vestida con una túnica blanca cubierta de perlas luminosas y un delantal casi tan largo como la túnica. Melania hablaba de lentejuelas que cubrían la falda, pero cuando alguien le mostraba lentejuelas ella decía: *¡ay! éstas no brillan, son pobres.*

Sobre su pecho se cruzaba un "chai" grande y su borde estaba adornado con otras rosas, de distintos colores. También tenía una cadena, colocada de tal manera que parecía un bordado. Llevaba zapatos blancos brillantes, con perlas y unas hebillas doradas rodeadas con un tercer borde *de rosas de todo color.*

María se pone de pie

Finalmente, sobre el pecho de la Señora, había una cruz colgada de una cadena fina de oro. La cruz era de *un color amarillo brillante,* decían los niños, y la figura de Nuestro Señor también de color amarillo, pero *mucho más brillante* que el color de la cruz. Un martillo y una tenaza estaban colocados cerca de los brazos de Nuestro Señor, más allá de las manos clavadas, el martillo a la izquierda de Jesús, la tenaza a la derecha.

El Discurso

Tan pronto los niños se aproximaron a la Aparición, su miedo había desaparecido completamente, y escucharon con mucha atención las palabras de la Bella Señora.

"Si mi pueblo no quiere someterse, me veré obligada a soltar el brazo de mi Hijo. Es tan fuerte y tan pesado que ya no lo puedo sostener.

"¡ Hace tanto tiempo que sufro por ustedes! Si quiero que mi Hijo no los abandone, tengo que encargarme de rezarle sin cesar y ustedes no hacen caso. Por más que recen, hagan lo que hagan, jamás podrán recompensarme

10

por el trabajo que he emprendido a favor de ustedes."

Y entonces, como los Profetas del Antiguo Testamento, hablando en el nombre de Dios, la Bella Señora continuó diciendo:

"Les he dado seis días para trabajar y me he reservado el séptimo, pero ustedes no quieren dármelo. Esto es lo que hace tan pesado el brazo de mi Hijo.

"Y también, los que conducen las carretas, no saben jurar sin mezclar el nombre de mi Hijo. Estas son las dos cosas que hacen tan pesado el brazo de mi Hijo.

"Si se arruina la cosecha, es únicamente por culpa de ustedes. Se los hice ver el año pasado con respecto a las papas, pero no hicieron caso. Al contrario, cuando encontraban las papas arruinadas, juraban mezclando el nombre de mi Hijo. Se arruinarán otra vez, y este año para Navidad ya no habrá más."

En ese momento, Melania miraba con interrogación a Maximino, pues ella solamente hablaba el dialecto del lugar y no había entendido la expresión en francés "pommes de terre", o sea papas. Pero la Señora era tan buena como bella, y conociendo la preocupación de la niña dijo:

"¿No me entienden hijos míos? A ver, les diré con otras palabras".

Y la Señora continuó en dialecto, como unos años después va a hablarle a Bernardette en Lourdes.

"Si tienen trigo no deben sembrarlo; todo lo que siembren se lo comerán los insectos y lo que salga se pulverizará cuando lo sacudan. Vendrá una gran miseria. Antes que llegue el hambre, los niños menores de siete años se enfermarán de un temblor y morirán en los brazos de las personas que los sostienen. Los demás harán penitencia por medio del hambre. Las nueces estarán carcomidas y las uvas se pudrirán."

Aquí la Señora se dirige por separado a los niños, dando a cada uno un secreto.

La Señora primeramente habló a Maximino y aunque el pequeño pastor no había percibido que el tono de voz de la Señora había cambiado, Melania, que estaba al lado de Maximino, no podía escuchar una palabra, aunque vio que los labios de la Señora se movían.

Luego, llegó el turno de Melania de recibir su secreto en condiciones parecidas. Ambos secretos fueron dados en francés.

De nuevo la Señora se dirigió a los dos niños, continuando el mensaje en lengua familiar:

"Si se convierten, las piedras y los peñascos se transformarán en un montón de trigo, y las papas se encontrarán sembradas por los campos.

"¿Hacen bien sus oraciones hijos míos?", preguntó la Señora a los pastores y ellos respondieron con mucha franqueza:

"¡No muy bien, Señora!"

"¡Ah! hijos míos, deben hacerlas bien, por la noche y la mañana, aunque sea solamente un Padre Nuestro y un Ave María cuando no puedan hacer más. Cuando puedan hacer algo mejor, recen más.

"En verano, sólo algunas mujeres ancianas van a Misa. Los demás trabajan el domingo, todo el verano. En invierno, cuando no saben qué hacer, van a Misa solo para burlarse de la religión. En Cuaresma, van a la carnicería como los perros."

"¿No han visto nunca trigo arruinado hijos míos?", les preguntó la Bella Señora.

"¡No Señora!", respondieron.

Entonces la Hermosa Señora se dirige a Maximino de una manera especial:

"Pero tú hijo mío, seguro que lo has visto una vez en el Coin con tu padre."

Coin es un pueblito de la zona de Corps.

La Señora continuó diciendo:

"El dueño del campo le pidió a tu padre que fuera a ver el trigo arruinado. Y ustedes fueron, tomaron dos o tres espigas en sus manos, las restregaron y se hicieron polvo. Cuando regresaban, a menos de media hora de Corps, tu padre te dio un pedazo de pan diciendo: toma, hijo mío, come pan este año porque no sé quién podrá comer el año que viene si el trigo sigue así."

Confrontado con detalles tan precisos, Maximino voluntariamente respondió: ";Ah! Sí, Señora, ahora recuerdo; hace un rato no me acordaba".

Después la Señora habló en francés como al comienzo de la conversación y como en el momento de los secretos. Dijo a los pastorcitos:

"Bueno, hijos míos, se lo dirán a todo mi pueblo."

Después, ella giró un poco a su izquierda y pasando frente a los niños cruzó el pequeño arroyo, pisó una piedra que salía del mismo, y cuando estaba a unos tres metros, en la orilla opuesta, repitió su pedido final a los niños sin volverse para mirarlos:

";Ánimo hijos míos! Díganselo a todo mi pueblo."

Y estas fueron sus últimas palabras.

La Bella Señora Desaparece

Los dos testigos de la Aparición estaban parados ahí, sin moverse del lugar donde habían tenido esta conversación cuando de repente se dieron cuenta de que la visita celestial estaba a unos cuantos pasos lejos de ellos. Entonces para unirse a Ella de nuevo, cruzaron el arroyo y en un instante estaban de nuevo con la Señora. La Señora avanzaba caminando sobre la punta del pasto, sin tocarlo, hasta que llegó a la cima de esta pequeña parte de la montaña donde los niños, después de dormir, habían ido a buscar las vacas.

Melania se adelantó a la Señora por unos pasos, mientras que Maximino estaba a la derecha de la Señora. Al llegar a la cima, la Señora demoró unos segundos y después se elevó a la altura de un metro y medio y quedó ahí, suspendida en el aire por un momento. Levantó sus ojos hacia el cielo, y después miró hacia el sudeste, es decir hacia Italia y Roma.

María desaparece

En este momento, Melania, que había estado a la izquierda de la Señora, se puso delante de Ella para verla mejor. Ahí se dio cuenta que la visita celestial había dejado de llorar, aunque su rostro permanecía triste.

Ahora, la visión radiante comenzó a desaparecer. *"Primero no vimos su cabeza"*, dijeron los niños en su manera sencilla de describir, *"después no vimos sus brazos, y luego el resto del cuerpo"*. Parecía derretirse, quedando una luz brillante. Días después Maximino contó: *"intenté agarrar la luz con mis manos junto con las flores a los pies de la Señora, pero ya no había más"*. *"Miramos mucho tiempo"*, —dijo Melania—, *para ver si podíamos verla de nuevo"*, pero, la Bella Señora había desaparecido para siempre.

Entonces, la pequeña pastorcita, comentó a su compañero: *"Tal vez fue una gran santa"*. *"Sabiendo que era una gran santa, —*

dijo Maximino—, *podríamos haberle pedido que nos llevara con Ella al cielo"*. Melania replicó con melancolía: *"¡Ay, ojalá estuviera todavía aquí!"*

Juzgando por el tiempo que los niños requerían para narrar lo que les había pasado, la aparición debe haber durado una media hora, aunque a ellos les parecía que todo había transcurrido en un instante. Se sintieron trasladados a otro mundo, y se perdieron en la contemplación de la Visitante Celestial. Las palabras de la Señora parecían una música a los oídos, palabras que quedaron grabadas indelebles en sus normalmente pobres memorias. "*Comíamos sus palabras*", dijo el niño; "*después, estuvimos muy felices, y hablamos de todo lo que habíamos visto*".

La Visitante no reveló su nombre a los humildes pastorcitos, ni ellos le preguntaron. Sin saber quién era, le dieron un título que expresa bien la belleza majestuosa que les había impresionado tanto: le llamaron la "*Bella Señora*".

Vale hacer notar que Lulú, el perro de Maximino, normalmente agresivo con desconocidos, permaneció en el lugar sin moverse ni ladrar durante todo el encuentro.

Después de desaparecer la Señora, los dos pastorcitos bajaron a la fuente seca para alzar sus bolsas. Luego buscaron sus vacas, las llevaron de nuevo a *la fuente de los animales*, y las guiaron de vuelta a los campos de sus patrones, al sur del cerro Planeau. Eran las cuatro de la tarde y Pedro Selme ya no se encontraba allí.

A poca distancia vieron a otros pastorcitos que habían venido por agua de *la fuente de los hombres*, pero los videntes no les contaron nada de lo ocurrido.

Mientras cuidaban las vacas, Maximino y Melania intercambiaron sus impresiones con respecto a las ropas de la Señora. El niño no podía comparar nada con el esplendor de la cruz que Ella llevaba en el pecho; para la niña, el bordado de oro en el chai era lo más llamativo.

En una parte de la conversación Maximino había visto que la Señora movía los labios, pero él no escuchaba nada. Haciendo referencia a esto, Maximino preguntó a su compañera:

¿Qué es lo que ella te contaba cuando "no decía nada"? (él quiso decir, cuando no la podía escuchar).

15

"Ella me contó algo", respondió la niña, *"pero no quiero hablar de eso. Ella me prohibió contarlo"*.

"Ah, ¡qué bien Melania!", replicó el pastorcito, *"Ella me contó algo también, y yo tampoco quiero contártelo"*.

Así, ambos videntes se enteraron que cada uno de ellos había sido favorecido con una comunicación particular.

Entonces los dos niños se pusieron a jugar como si nada extraordinario hubiera pasado. A la puesta del sol, un poco más temprano que otros días, llevaron el rebaño de vuelta al pueblito de Ablandins, allí abajo en la cuesta de la montaña.

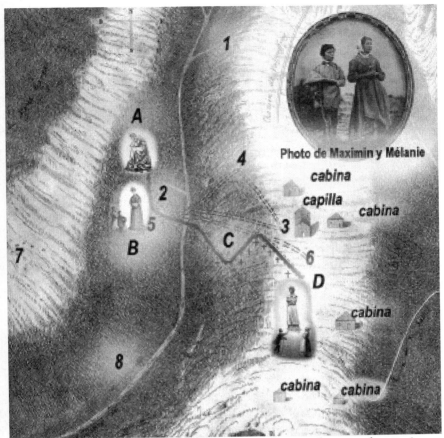

Explicación del sitio de la aparición de La Salette, 19 de septiembre 1846:

María: A: la fuente milagrosa donde Nuestra Señora estaba sentada, llorando; *B:* lugar de su conversación; *C:* camino marcado por cruces donde Nuestra Señora caminó (130 pies); *D:* el lugar donde desapareció Nuestra Señora.

Niños: 1: La Fuente del Hombre donde comieron los niños; *2:* área donde se quedaron dormidos; *3:* el lugar donde los niños buscaban sus vacas; *4:* lugar desde donde los niños vieron el globo de luz; *5:* lugar de la conversación y el camino los niños subieron al tope (5-6); *6:* donde los niños vieron a Nuestra Señora desaparecer; *7:* el área donde las vacas estaban pastando; *8:* fuente de los animales.

capilla: la capilla provisional; *cabina:* las cinco cabañas construidas después dela Aparición; *Nota: la línea continua* indica el camino de Nuestra Señora; *las líneas punteadas* indican el camino de los niños.

Capítulo 3: La Gran Noticia Se Difunde

Casa donde el mensaje fue dicho por primera vez

Pedro Selme había esperado impacientemente el regreso de su pastor a la casa.

"Maximino, ¿por qué no volviste a verme en el campo como yo te había dicho?"

"Oh", respondió Maximino, *"¿no sabes lo que pasó?"*

¿Qué pasó? —dijo Pedro Selme.

"Encontramos cerca de la fuente a una Bella Señora que pasó un rato con nosotros. Habló con Melania y conmigo. Primero yo sentí miedo, no me animé a ir en busca de mi pan que estaba muy cerca de ella; pero ella nos dijo: 'Acérquense, hijos míos, no tengan miedo. Vengo a contarles una gran noticia'".

Y el niño relató la historia de la Aparición, casi sin pausa para tomar aire. Maximino estaba muy sorprendido de que la gente del valle no había observado la luz brillante en la quebrada. Después, el niño con el corazón alegre, se fue saltando con mucha alegría a la casa de Baptista Pra, el patrón de Melania. La niña todavía no había dicho nada de lo que ocurrió en la montaña.

Maximino, más comunicativo, contó muy pronto a todo el grupo de la familia Pra sobre la Bella Señora. Inmediatamente lo rodearon y lo cuestionaron. La anciana madre de Baptista Pra comenzó a llorar, y con la intuición que su sencilla fe le dio exclamó:

"¡Esta Bella Señora no puede ser otra que la Santísima Virgen!"

Los otros desconfiaban de lo que decía Maximino y esperaban a Melania. Como ella no se apuraba, su patrona, la anciana Pra fue al corral para buscarla.

"Vi lo que él vio" —respondió la niña—y ya que él les contó, *ya lo saben"*.

Pero todos insistieron en que les relatara lo ocurrido. Entonces al volver a la casita, Melania permaneció de pie frente a todos los de la casa y relató por primera vez la aventura admirable que había tenido. Todos escucharon atónitos a los niños; se quedaron sorprendidos que al recitar el discurso de la Virgen, los niños hablaban bien el francés, lengua que no sabían hablar nada o muy poco.

La buena abuela, cada vez más conmovida, repitió su convicción: *"sin duda alguna es la Santísima Virgen, porque no hay otra en el cielo cuyo Hijo manda"*.

La anciana se dirigió a su hijo menor, Jaime, diciéndole con advertencia: *"Ajá, ¿escuchaste lo que dijo la Santísima Virgen? Anda, trabaja de nuevo los días domingos"*.

"¡Bah!"—el hijo—*"¿Quieres hacerme creer que este pequeño ha visto a la Santísima Virgen? ¿A este que ni siquiera sabe hacer sus oraciones?*

"Pero esa noche"—declaró más tarde Melania—*"quedé mucho tiempo de rodillas, aunque casi no sabía rezar ninguna oración de memoria"*.

La mañana siguiente, día domingo, todo el pueblito d'Ablan-dins estaba en tumulto. La noticia de la Aparición estaba circulando de casa en casa como cualquier chisme. Algunos creyeron, otros se rieron, pero la mayoría de los campesinos no dieron a conocer sus opiniones inmediatamente. Pedro Selme aconsejó sabiamente que los niños fueran a contar su historia al párroco del lugar. Este era un hombre ya de edad; su nombre era Santiago Perrin. Solo él podía iluminar lo que había pasado.

Los dos pastorcitos salieron muy temprano de mañana hacia el pueblito de La Salette. Caminaron en silencio, respirando el aire fresco de la mañana. Si uno no los hubiera visto ahí, caminando como niños, cada uno separado del otro por los dos costados del sendero, nadie hubiera pensado que se conocían. Siguieron casi un kilómetro y medio, llegando al lado del cementerio de La Salette.

Ahí, en la luz tenue de la mañana, apareció la sombra de un hombre. Era uno de los policías de La Salette haciendo su recorrido matinal. Quedó con cierta curiosidad al ver a dos niños en la calle tan temprano.

"¡Oigan niños! ¿a dónde van a esta hora?" exclamó el policía.

Ellos le respondieron: *"vamos a contar a Monsieur le Curé (el párroco) lo que hemos visto en la montaña".*

"¿Y qué es lo que han visto en la montaña?" dijo el policía.

El pequeño Maximino rápidamente respondió al policía; pero este no tenía mucha paciencia con el niño y muy pronto siguió su camino.

Al llegar a la casa parroquial, los dos niños se pararon un momento antes de golpear la puerta. ¡Qué diría el párroco! El buen Padre Perrin, que pronto cumpliría sus ochenta años y ni siquiera conocía a estos dos parroquianos suyos. El niño había llegado a esta parroquia solamente hace una semana, desde el día en que su padre lo prestó para reemplazar al pastor enfermo de un amigo. Melania realmente pertenecía a esta parroquia, pero con un pobre récord de asistencia como parroquiana. Sin embargo, no era culpa de ella, ya que los días domingos y días santos, tenía que guiar el rebaño de un patrón que no era muy devoto.

Golpearon la puerta y Francoise, la cocinera, abrió.

"¿Está el señor párroco?" preguntaron los niños.

"¿Qué desean del señor párroco?" contestó la cocinera.

20

La mujer los quiso despedir. Para despacharlos, les dijo: *"el tiene muchas ocupaciones. No tiene tiempo para hablar con ustedes. Lo que quieran comunicarle pueden decírmelo a mí y yo se lo puedo decir más tarde"*. Ella tenía autoridad en su voz, pero el papel de ser delegada o transmisora del mensaje no convenció mucho a los dos pastorcitos.

"Debemos hablar con el párroco, a él solo le diremos" exclamaron los niños. *"Eso es lo que quieren nuestros patrones"*.

Pero todo en vano, porque Francoise ya sentía mucha curiosidad. Al final, ella ganó. Entonces, siempre el más listo de los dos, Maximino relató la historia del acontecimiento casi sin pausa, de una sola vez. Su voz ganó mucha animación y calor, hasta elocuencia.

Adentro, el párroco estaba trabajando en su escritorio preparando su prédica dominical. Dejó su lapicera sobre el escritorio y escuchó mientras los niños contaban con mucho ánimo su relato. Él quedó muy perturbado.

"¡Dios mío! ¿qué están diciendo? Si mi pueblo no se somete, me veré obligada a dejar caer el brazo de mi Hijo; es tan fuerte y tan pesado que ya no lo puedo sostener".

"Si la cosecha se arruina, es por culpa de ustedes".

El venerable sacerdote, temblando de emoción, apareció en la puerta.

"¡Niños, niños! ¿qué es esto que están contando a Francoise? Cuéntenmelo de nuevo, ¡todo!"

Entonces, con mucha buena voluntad, Maximino relató de nuevo toda la historia. Recordemos que nunca había podido aprender ni una hoja del Catecismo. Pero en cuanto al largo discurso de la Bella Señora, tenía todo ahí, en la punta de la lengua, y sentía un gusto extraordinario en contarlo.

Mientras escuchaba, el párroco casi no podía contener sus lágrimas. *"¡Qué afortunados ustedes, mis hijos; han visto a la Santísima Virgen!"*, exclamó el sacerdote.

En ese mismo momento y con mucho apuro, el párroco transcribió la parte principal del discurso de la Bella Señora. Antes de despedirse de los niños, pidió a Maximino que fuera a ver a su propio párroco sin demora. Rápido, como el vientito de la mañana, el niño regresó a Ablandins. Su patrón lo estaba esperando para llevarlo de regreso a la casa de su padre en la sede provincial de Corps. Y hasta en este domingo, Maximino no fue a Misa.

La campana de la iglesia hizo eco en el valle de la montaña, y poco a poco, los asientos del templo comenzaron a llenarse. Al fondo estaba Melania, casi escondiéndose detrás de los congregados y se sentía muy incómoda por cada mirada que los curiosos depositaban en ella. El párroco subió al pulpito; parecía preocupado. Sus parroquianos nunca lo habían visto así. Las reglas prudentes de la Santa Madre Iglesia prohiben que los sacerdotes hablen con demasiado apresuramiento respecto a apariciones recientemente anunciadas. Estas prudencias fueron dejadas de lado por el párroco.

Abandonando la prédica que había preparado esa misma mañana y consultando solamente su corazón, el sacerdote canoso relató a su feligresía la visita que la Reina del Cielo había hecho a su montaña ahí arriba. Con su voz muy emocionada, interrumpida con llanto, él repitió las quejas de la Señora. Todos los ojos estaban fijos en él, pero: ¿quién podía entender?

Al terminar la Misa, la gente se colmaba de curiosidad en la pueda de la iglesia. *"¿Has entendido lo que el párroco quiso decir? ¿Por qué estaba tan emocionado?"* El misterio. Melania escuchó todos esos interrogantes; la vergüenza la hizo ponerse colorada, pero no obstante su timidez, tenía que hablar. En un instante había un círculo en torno a ella y le dirigieron un montón de preguntas. Por fin la luz de la mañana comenzó a iluminar el horizonte.

Después de la Misa, había una reunión del consejo municipal. *"¿Hay alguno de ustedes señores que sabe de qué habló el párroco en su prédica esta mañana?"* El Señor Peytard, el sabio alcalde de La Salette, fingió ignorancia. El sabía muy bien qué misterio preocupaba a sus compañeros, porque esa mañana muy temprano uno de sus policías pasó por su casa. *"Acabo de ver a Maximino y Melania"*, le dijo. *"Están en camino para contar al párroco lo que han visto ayer en la montaña"*. *"¡Bah!"* respondió el alcalde, después de escuchar el relato, *"son juegos de niños, muchas tonterías"*.

Sin embargo, en la reunión de su consejo, asumió el rol de incredulidad filosófica sin esconder su curiosidad como así sus sospechas. *"Vamos a ser prudentes, escucharemos primero a nuestros amigos del consejo. ¿Por qué sería que el buen Padre Perrin nos contó este relato?"* dijo el alcalde; y continuó: *"seguramente alguna mujer u otra persona metió esta idea en la cabeza de los niños. ¿Qué dices tú, Señor Moussier? ¿Has visto tú a los niños?"*

Moussier acababa de llegar a la sala. *"No, pero anoche escuché de los vecinos que los niños habían visto a una Bella Señora, vestida de una forma muy extraordinaria y que les había dicho unas cuantas cosas. Dicen que los dos pastorcitos vinieron a ver al párroco esta mañana. Tal vez lo que está pasando es más grave de lo que sospechamos"*.

"¡Cuentos de pastores, tonterías de niños!" dijeron los consejeros. *"¿Vamos a ocupar nuestro tiempo en cosas triviales?"* Y todos los miembros del consejo se pusieron a tratar sus asuntos ordinarios. Pero el alcalde pensó: *"Este relato traicionero nos va a arruinar. Todo el pueblíto ya está hablando. Las palabras atribuidas a la Señora tienen muchas amenazas; predijo que la cosecha se arruinará, que las uvas van a pudrirse y que hasta los niños morirán de repente"*. El Señor Peytard era alcalde de un pueblito perdido en las montañas. Como muchos de sus colegas, comenzó a afligirse, pues estos rumores desconcertantes podían llegar a la sede de la provincia y tal vez le quitarían su puesto de alcalde por orden del Prefecto de Corps. *"Tengo que investigar esto personalmente"*, resolvió. *"Voy a descubrir el fraude, si es un fraude"*.

Entonces a las cuatro de la tarde de ese mismo domingo el alcalde llegó al pueblito de Ablandins. Primero fue a la casa de Pedro Selme, donde le informaron que Maximino ya había salido para Corps ese mismo día. Pero en la casa de Pra encontró a Melania. Para esconder a Melania el motivo de su visita, el alcalde, como era costumbre entre campesinos, tomó asiento en la mesa de la cocina y comenzó a hablar de cualquier cosa con su amigo Pra. Y comenzaron a entretener la tarde con una botella de vino.

La pastorcita se puso delante de ellos de pie y al serle pedido, relató su historia. El alcalde pretendió demostrar indiferencia y no la interrumpió. Cuando ella terminó, dijo en tono amenazante:

"¡Cuidado niña, no hay que decir ni más ni menos que la verdad!"

Melania respondió: *"He dicho todo lo que la Señora me recomendó decir"*. Ahora el adversario se quitó la máscara y comenzó a cuestionarla sin piedad. Quiso atraparla en alguna contradicción y lanzó cualquier cantidad de objeciones a la niña; estudiando constantemente su rostro; pero ella permaneció calma, inamovible y no se dejó atrapar en esta red de interrogación de zorro, en la que la quería hacer caer el alcalde.

Dijo el alcalde: *"Tu patrón me ha dicho que le has confesado que todo esto no es verdad"*,

"Seas tú o cualquier patrón—respondió Melania—*¡No es verdad que dije eso!"* Y después, casi con rabia, le dijo al alcalde: *"Tu eres un viejo chismoso"*.

El alcalde amenazó: *"Si continúas relatando esta mentira, te voy a hacer arrestar con la policía y vas a ir a la cárcel en Corps"*.

Estas tácticas no molestaron a la niña. Entonces este funcionario astuto intentó ganarla con ternura. *"¡Vamos ya, mi niña, si sigues con este cuento, todos los pueblos de los*

Señor Paytard, Alcalde
de la Aldea de La Salette

alrededores van a reírse de nuestro pueblito de La Salette; no debes mentir así o Dios te va a castigar! ¡Vamos, aquí te doy veinte francos para que no hables más de estas cosas! ¡Daré también veinte francos a Maximino para que él se calle como tú!"

¡Veinte francos! Para una niña pobre, esa suma era una fortuna. ¡Qué tentación! El alcalde insistió, suplicó, mostró las monedas de oro frente a sus ojos. Pero la niña miró al otro lado negándose a aceptar este soborno, despreciándola. No obstante la objeción de la niña, Peytard puso el dinero en las manos de Melania. La pastorcita se llenó de indignación. Orgullosa, dejó las monedas ahí. *"Aunque me des esta casa llena de monedas de oro, jamás me vas a impedir que diga lo que yo he visto y escuchado"*. Ella había vencido.

El alcalde, lejos de aceptar su derrota, volvió a su casa muy perplejo y perturbado. El patrón de Melania, Baptista Pra, que había presenciado este encuentro, tampoco se sentía inclinado a sonreír. Esa mañana se había reído cuando su madre le habló de la aparición, pero cuando salió el alcalde, comenzó a pensar: ¿Por qué no poner inmediatamente por escrito las palabras exactas de la Bella Señora? Llamó a su casa a dos vecinos, Pedro Selme y Jean Mous-sier. Este último fue nombrado secretario de la comisión improvisada. Mientras Melania dictaba muy lentamente, la mano pesada del campesino escribía—por primera vez—el discurso que había salido de la boca de la Madre de Dios el día anterior. Eran pasadas las diez de la noche, cuando la pastorcita pudo ir a su cama y dormir.

Mientras tanto Maximino regresó de la casa parroquial esa mañana de domingo y comió su desayuno abundante de sopa caliente. Después fue a Corps en compañía de su patrón, ya que este había acordado en llevar a Maximino de regreso a su padre. Todos los tesoros del niño estaban en su pequeña canasta que tenía sobre los hombros. Los tesoros eran mantequilla fragante, flores de la montaña y un buen queso fresco. También el perro, compañero inseparable de las solitarias andanzas en la montaña estaba ahí. Ese perro se había portado muy bien durante todo el tiempo de la aparición, ya que estaba durmiendo a unos pasos de los pies de su amo.

La caminata de una hora, no le costó nada al niño, pues le gustó mucho andar saltando, pasando por las montañas como una mariposa. Eran como las once cuando sus ojos divisaron nuevamente la ciudad de Corps con sus casas de piedra gris, todas ubicadas en torno a la iglesia. Un grupo de personas estaba saliendo de la misa; sin embargo, en la casa de Giraud, su padre, no había nadie para recibir a los recién llegados, salvo la madrastra (la madre de Maximino había muerto hacía mucho tiempo). El padre amaba a este niño huérfano, lo trataba bastante bien, pero siempre a su manera rústica y hasta muchas veces bruta.

¿Dónde estaba el padre en este momento? Tenía una debilidad a la cual se entregaba con bastante facilidad: una vez más se encontraba en el bar local. *"Bueno, yo voy a ir a buscarlo"* dijo Pedro Selme. Mientras tanto habló a la señora: *"Pide a Maximino que te relate lo que vio ayer. Tiene mucha suerte: ha visto a la Santísima Virgen"*.

Pedro Selme encontró al papá de Maximino en compañía muy alegre. Le dijo: *"Nunca vas a adivinar lo que le pasó a tu niño"*. *"¿Qué le pasó?"* dijo, pensando que era una desgracia. *"¿Le pasó algo? ¿Una vaca le pisó? ¿Se ha caído a un precipicio? ¿Ha perdido una vaca?"*

"No, no" respondió Pedro Selme, asegurándole: *"tu hijo ha tenido buena suerte; la dicha de ver a la Santísima Virgen, él y la pequeña Melania Mathieu"*. *"¡Qué tonterías son estas! Mi hijo nunca ha visto a la Santísima Virgen. Debe ser la casera de la casa parroquial haciendo un poco de chiste"*. Todos los que estaban en el bar irrumpieron en risas y fuertes carcajadas.

Mientras tanto, sola con Maximino, la madrastra escuchó asombrada su relato. ¡Cómo estos últimos siete días habían cambiado al niño! Antes cuando hablaba era insoportable, pero ahora tenía la capacidad de repetir sin problema, un largo discurso que la emocionaba de verdad. La madrastra llevó al niño a la casa de su abuela. Esta sentía mucho afecto por Maximino y él le tenía mucha confianza. Ella también, al escuchar la narración de su nieto, se conmovió, llorando lágrimas de alegría y de dolor.

Poco a poco, la *gran noticia* comenzó a recorrer las angostas calles del pueblo. ¿Dónde está el niño que relata estas maravillas? Todo el mundo lo quería ver y la casa de la abuela se vio invadida por muchos visitantes. ¡Pobre Maximino! Toda la noche los curiosos le molestaron. El niño anhelaba salir de allá para unirse a sus compañeros y

Maximino con su Padre

jugar en la plaza; pero ahora era prisionero, obligado a relatar su historia a cada persona nueva que llegaba. ¡Adiós a sus diversiones deportivas con *la barra*! Al salir de la casa de su abuela, un grupo de amigos comenzó a insultarlo con burlas. Mientras pasaba le gritaban: *"¡Miren al mimado de la Santísima Virgen, ahí anda el favorito de la Santísima Virgen!"*

Ese día el papá de Maximino no tenía ningún apuro de volver a la casa. Ya era de noche. Maximino estaba muy cansado con los acontecimientos vividos ese día y dormía profundamente. Aun así, el padre fue directo a la cama del niño, lo sacudió vigorosamente y le ordenó salir de la cama. Giraud insistió en escuchar el relato con respecto a la Bella Señora. El niño se sentó al lado de la cama, a medio vestir, medio dormido y repitió la historia una vez más. Mientras el niño hablaba, su padre se molestó y no quiso escucharle más. Le ordenó detenerse. Sin embargo, quedó preocupado con la facilidad, la animación y la seriedad con que su hijo relataba la historia. *"¿Quién es esta persona rara que te ha enseñado tanto en tan poco tiempo? Por dos años yo he querido enseñarte el Padre Nuestro y el Ave María y todavía no los puedes decir. ¿Qué pasó ahí arriba? Pero ¡basta!"*

Giraud no quiso escuchar el resto de la historia y se fue a dormir de mal humor. El reloj de la torre municipal acababa de tocar las diez horas de la noche. Así, al terminar el día 20 de septiembre de 1846, Maximino volvió a dormir, un poco asustado por este último encuentro con su rudo padre.

Al finalizar ese primer día después de la Aparición, la Gran Noticia ya no pertenecía sólo a ellos. Con valentía y sencillez habían semb-

27

rado la noticia, como el campesino que esparce la semilla en el surco y que después dará una magnífica cosecha en el verano. Los pastorcitos eran como los apóstoles de los tiempos antiguos, que anunciaron a todo el mundo la Gran Noticia de la Ascensión de Jesús, poco después de que él se había despedido de ellos.

Podemos imaginar que esa noche, en sus sueños, los niños vieron una vez más, inclinándose hacia ellos y esta vez con una sonrisa, a la Bella Señora que les había dado su gran mensaje: *"Bueno hijos míos, lo harán conocer a todo mi pueblo."*

La Interrogación De Los Niños

El día siguiente, lunes 21 de septiembre, como relató el señor Peytard, alcalde de La Salette: *"Fui a mi viña para juntar uvas que estaban ya maduras. Yo estaba preocupado con lo que Melania me había dicho el día anterior. Por eso fui a la casa de Giraud y mandé llamar a Maximino. Le pregunté si lo que Melania había dicho era verdad; él respondió que sí. El me relató su historia que era idéntica a la contada por Melania. Persistí en mi incredulidad".*

De hecho el alcalde agregó un reproche fuerte: *"Niño miserable"*, dijo a Maximino. *"¡Mira lo que has hecho!, has difundido una historia que ha perturbado la mente de todo el mundo y va a tener consecuencias graves. Yo no quisiera estar en tu lugar. Preferiría haber matado a alguien, y no haber inventado lo que tú y Melania han dicho".*

Maximino respondió: *"¿Inventado ? ¡Cómo puede decir que tales cosas son inventadas! Hemos relatado lo que vimos con nuestros ojos y escuchado con nuestros oídos".*

Cambiando su táctica, el Señor Peytard le ofreció el dinero como había hecho con Melania, al mismo tiempo amenazándolo con la policía y la cárcel. El niño se mantuvo firme en defender su historia.

El alcalde entonces avisó a la Policía, decidiendo examinar a los niños el domingo siguiente, 27 de septiembre.

Una circunstancia especial motivó a Peytard que insista en este examen. El lunes 21 de septiembre, muchos habitantes de Ablandins y La Salette, movidos por la curiosidad, habían ido a la montaña para ver el lugar exacto donde la Bella Señora había aparecido. Fueron a la pequeña quebrada y encontraron, con gran sorpresa, que ya había abundante agua saliendo de *la pequeña fuente* que hacía mucho tiempo estaba seca. La gente del lugar sabía que esta fuente solamente tenía agua después de que las nieves se derritieran o solamente cuando había fuertes lluvias. Sin duda, el 19 de septiembre (día de la aparición) estaba completamente seca, ya que los niños, al no encontrar agua allá, se vieron obligados a beber de la *"fuente de los hombres"* que estaba un poco más arriba. ¿Cómo explicar este fenómeno? El Señor Peytard se tornaba cada vez más perplejo.

Por lo tanto, el día 27 de septiembre, el jefe de la policía de Corps llamó a los dos niños y los llevó al lugar de la aparición (la supuesta aparición).

Ahí, el Señor Peytard intentó nuevamente intimidar a los dos niños: *"Lo que nos están diciendo es pura mentira. Dios los va a castigar severamente si continúan relatando esta historia. Por su propio bien les aconsejo confesar que todo es una mentira y que fueron obligados a crear esta mentira. Si lo admiten ahora, van a recibir este premio".* Y de nuevo les ofreció dinero.

"No nos importa ese dinero" respondieron: *"aunque nos quieran dar una casa llena de monedas de oro para hacernos decir lo contrario de lo que hemos visto y escuchado, ¡no lo haremos!"*

El alcalde seguía intentando descubrir un posible fraude, los amenazó con arrestarlos con la policía ahí presente, pero estas amenazas tenían poco efecto en los dos jóvenes valientes. Ni las promesas del dinero, ni las amenazas de la cárcel los podían callar.

Llevando esta amenaza un poco más todavía, el jefe de la policía agarró bruscamente a Maximino con una mano, mientras que en la otra tenía una soga, como si estuviese preparado a atar al niño y llevarlo a la cárcel. El niño se mantuvo firme, sin mostrar nada de miedo. Tiempo más tarde, Maximino relató: *"había una voz dentro mío que me decía:*

¡no temas pequeñito, no te van a hacer daño!"

El alcalde entonces caminó con los dos niños y otras personas al lugar exacto de la aparición. *"Ahí puse otras preguntas a los niños"* testimonió más tarde. *"Les mandé colocarse en el lugar exacto donde ellos estaban cuando durmieron, cuando se despertaron, cuando fueron a buscar las vacas, cuando vieron a la Bella Señora, y cuando ella dijo a los niños: ¡Acérquense hijos míos, no tengan miedo, estoy aquí para contarles una gran noticia! Les hice repetir una y otra vez la historia, como así caminar varias veces la pequeña distancia que la Señora había recorrido. La historia siguió igual en todos sus detalles, como habían relatado desde la primera vez que me contaron y aún hoy siguen firmes".*

El Párroco De Corps

Los dos niños con el Sacerdote Parroquial

Los dos niños con
el Sacerdote Parroquial

Era una suerte providencial que residía en esos tiempos en Corps, un párroco muy conocido por su sabiduría y prudencia. Era el Padre Melin. Este llamó a Maximino a la casa parroquial, escuchó el relato y no hizo ningún comentario. Antes de dar a conocer su opinión a cualquier persona, sea el obispo o los parroquianos, el párroco quiso ver por sí mismo. Por lo tanto, el día 28 de septiembre, después de la segunda interrogación hecha por el Señor Peytard, el párroco subió a la montaña con Maximino y Melania acompañado por otras cinco personas. Al llegar al lugar de la Aparición, pidió a los niños repasar con detalle todos los movimientos del acontecimiento. El párroco se mantuvo mucho tiempo parado frente a una gran piedra donde la Bella Señora había estado sentada. Los visitantes quisieron romper la piedra en pedazos y llevar los pedazos consigo como recuerdos y reliquias, pero el sacerdote les prohibió y mandó llevar la piedra a Corps. Ahí, el guardó una parte de la piedra y unos años después regaló esa parte al Santuario en la Santa Montaña. Es ese pedazo grande de piedra que hoy se venera en el templo de La Salette, en Francia.

Asaltado con preguntas al regresar, el párroco todavía no se comprometió abiertamente. El sabía que el juicio sobre el caso competía a una autoridad Eclesiástica más alta que la suya. Estaba observando en silencio, y actuaba con cautela. Inmediatamente avisó a Monseñor de Bruillard, obispo de Gre-noble. Le comunicó todos los datos que el había recogido. Además, el párroco siguió observando cuidadosamente a los niños; sin embargo, en el interior de su corazón, la convicción ya se había cristalizado: *"que esta Bella Señora no podía ser otra que la Madre de Dios"*.

La Conversión Del Padre De Maximino

En los primeros días de la semana siguiente a la aparición, la gente comenzó a invadir el taller de Giraud en Corps y Maximino seguía respondiendo a todas las preguntas. Finalmente, la paciencia del padre de Maximino llegó a colmarse y prohibió a su hijo hablar más con respecto a esta historia. Una hora después, al ver que otros estaban cuestionando al niño y que él estaba respondiendo, su padre lo golpeó ferozmente encerrándolo en un cuarto con llave. Pero esa misma noche, vino el alcalde para investigar al testigo y días después, el notario público, el juez, el abogado de la sede de gobierno y otros policías. Cada vez Giraud se molestaba más y más. Cuando por encima de todo eso, los incrédulos en el bar local comenzaron a burlarse de él, el niño tenía que aguantar toda la furia del mal humor de su padre.

En la noche del día jueves de esa misma semana, cuando padre e hijo se encontraban solos en casa, Giraud pidió a su hijo relatar la historia de la aparición nuevamente, pero otra vez interrumpió bruscamente al niño antes de que pudiera terminar. *"¡Pero papá!*—dijo Maximino— *eso no es todo. Déjame contarte lo que dijo referente a ti. ¡La Bella Señora también habló de ti!"*

"¿De mí?" respondió el hombre lleno de sorpresa. *"¿Qué dijo?"* Entonces Maximino le relató lo que la Señora había dicho sobre el viaje a Coin. Hombre de buena disposición, no obstante sus faltas, el padre de Maximino se conmovió profundamente. ¿Cómo es que esta Señora podía saber tales detalles de su vida personal, detalles que él recordaba, pero que hasta Maximino mismo había olvidado? Su fe católica comenzó a despertar de nuevo, y no se atrevió más a prohibir a su hijo relatar la visión que había tenido en la montaña.

Pronto le prometió volver allá para colocar una cruz rústica de madera que él mismo había hecho al pedido de su hijo. Unos días después, el padre de Maximino decidió subir a la montaña en compañía de algunos amigos para rezar por su enfermedad. Desde hace muchos años el asma le afligía y lo hacía sufrir mucho. Tomó un poco de agua de la fuente que había surgido después de la visita de la Señora. Se sintió sanado inmediatamente.

Cayendo de rodillas, él y sus compañeros lloraron sinceramente, llenos de arrepentimiento. Regresaron a Corps decididos a vivir vidas verdaderamente cristianas y edificantes. *"¡Miren, estoy sanado!"* dijo a su mujer al regresar a su casa. *"¡No me pesa el pecho como antes y ni siento más esa falta de aire! Voy directo al sacerdote para confesarme y esta vez estoy convertido de verdad".* Y no estaba mintiendo. De ahí en adelante, en vez de jurar y sentarse siempre en el bar, comenzó a rezar diariamente. Frecuentaba los sacramentos, asistía diariamente a la Misa, y perseveró en estas buenas disposiciones hasta su muerte santa unos tres años después.

Capítulo 4: *Los Primeros Frutos De La Aparición*

Las Peregrinaciones

Desde la semana después de la Aparición hasta diciembre de 1846, más y más peregrinos comenzaron a subir la montaña, viniendo no sólo de los pueblos de La Salette y de Corps, sino también de los pueblos vecinos y de toda la diócesis. Aún de otras partes muy distantes de Francia, hombres y mujeres, jóvenes y viejos, enfermos y sanos: enfrentaron el clima agresivo y los difíciles caminos. Muchos quisieron ver y conversar con los dos pastorcitos. Al llegar al lugar de la Aparición, todo transpirados, bebían de las aguas heladas de la fuente sin sentir ningún efecto dañino a causa de eso. Anteriormente, la fuente sólo daba agua en momentos de deshielo o lluvias, pero desde la Aparición nunca dejó de brotar agua. Los peregrinos rezaban sin tener en cuenta lo que pensaban los demás y después regresaban felices y admirados. Estaban marcados por la Aparición que los pastorcitos habían visto solamente unos meses antes en ese mismo lugar solitario.

Estas, sin embargo, eran manifestaciones individuales de la fe. La parroquia de Corps tuvo el honor de inaugurar las peregrinaciones colectivas. Tocada por las palabras de los pastorcitos la gente de ese pueblo había regresado a sus prácticas religiosas. Rezaba mejor, concurría a la Iglesia con más frecuencia y tenía menos miedo de profesar abiertamente su fe. La confraternidad parroquial de penitentes concibió la idea de subir en procesión a la montaña privilegiada por la Madre de Dios. Por su propia cuenta, sin que el clero participara en esa programación treparon a La Salette el 17 de noviembre de 1846, acompañados por gente de Corps.

Fue un espectáculo conmovedor verlos zigzagueando su camino, en orden y con espíritu de recogimiento. Subieron las cuestas del cerro Planeau haciendo eco en las montañas con sus oraciones e himnos fervorosos. Nunca se había visto ni escuchado cosa semejante en ese lugar abandonado. Hubo como seiscientas personas en la procesión, todos buscando consolar a la Madre Celestial que había aparecido ahí llorando.

Ellos le querían manifestar su amor y piedad. Al bajar de la montaña más tarde, era de la misma manera en que habían subido. Llegando a Corps, en vez de deshacerse inmediatamente, la procesión caminó por todo el pueblo rezando y cantando hasta llegar al templo. Muchos habitantes del pueblo, movidos por la gracia, se unieron a la peregrinación y la procesión se hacía cada vez más larga. Aún los pecadores más duros cedieron frente a este entusiasmo general. Este acto fue en sí mismo un sermón

Los peregrinos suben
la Santa Montaña

elocuente para la parroquia y un ejemplo inspirador para todos los pueblitos de los alrededores.

Nuestra Señora no se dejó ganar por esta muestra de generosidad. A esta manifestación magnífica del pueblo de Corps en su honor, ella respondió sanando a una paralítica del pueblo llamada María Gaillard.

Por siete u ocho años esta buena mujer había quedado completamente paralizada debido a reumatismo y casi siempre estaba en la cama, no pudiendo salir de ella sin ayuda. Ya hacía veintidós años que no podía caminar sin la ayuda de muletas que otra persona tenía que colocar debajo de sus brazos. Ella sola no podía ponerse de pie ni sentarse en el sillón. No podía hacer nada en la casa debido a que sus manos también estaban paralizadas. Pero desde el momento que escuchó de la aparición, sintió dentro de sí misma una confianza muy grande y pidió las oraciones de los penitentes que iban de peregrinación a la montaña. Al mismo momento en que ellos estaban cantando el Santo Oficio, ella se levantó de su sillón sin la ayuda de nadie y sin muletas. Esa misma tarde, apoyándose en el brazo de su esposo, caminó hasta la iglesia parroquial para dar gracias a Nuestra Señora. Su presencia causó mucha admiración en todos aquellos que la conocían.

Desde ese momento, ella podía caminar, levantarse, ir a la iglesia, hacer los quehaceres de su casa, no solamente sin la ayuda de nadie sino que también sin dolor. Todavía se podía ver la hinchazón que estaba visible en las coyunturas, pero ello no le causaba más dolor. Parece que sólo estaban ahí para dar testimonio de la condición de la cual había sido rescatada. Para aquellos que lamentaban que sus

El milagro de La Salette

miembros aún estaban hinchados, ella respondía sonriente: *"Estoy feliz, porque conseguí todo aquello que he pedido"*.

Este favor especial, impresionó mucho a la gente de Corps y los pueblos de los alrededores. Un nuevo impulso religioso había surgido como resultado de la primera peregrinación realizada y ahora en acción de gracias, una procesión más grande salió el 28 de noviembre. Los parroquianos de Corps guiaron la procesión junto a Maximino y Melania, que marchaban al frente. Pero esta vez un gran número de personas de localidades vecinas se unieron a ellos. Así, todos juntos, formaron una procesión impresionante de mil quinientos peregrinos.

El clero no podía dar confirmación prematura de la Aparición y por lo tanto se mantuvo aparte, pero las Hermanas y los policías estaban presentes. El clima estaba severo—nevó fuertemente. Pero nada podía impedir la valentía de estos pioneros. Rezaron el Rosario, cantaron himnos al aire libre sin el menor amparo, expuestos al frío intenso causado por el fuerte viento y la nieve que seguía cayendo.

Tanto fervor y tanta abnegación no podía otra cosa que tocar el corazón de la Bella Señora. Había en el grupo una mujer de Devoluy, del departamento de Hautes-Alpes, no muy lejos de Corps. Ella era una mujer hidrópica. Su esposo y su hijo habían tenido la valentía de llevarla en una camilla al lugar de la aparición. Ella se puso de rodillas en la nieve, cerca de la fuente, rezando con mucha fe y confianza por su sanación. De repente gritó con mucha alegría: ¡Estaba completamente sanada! Para mostrar su agradecimiento a su Bienhechora, sacó una cruz de oro que llevaba y la colgó en la cruz de madera que Maximino había puesto en el lugar mismo donde la Señora había desaparecido. Fue el primero de muchos tipos de ofrendas hechas a Nuestra Señora de La Salette durante los últimos ciento cincuenta años.

Maximino había puesto una cruz en el lugar de la aparición y Melania deseaba también poner una cruz. Pidió a su padre de hacerle una cruz, pero pobre Señor Mathieu no tenía madera. Un vecino amable procuró un poco de madera para él y así respondió al pedido de su hija. Esta fue la ocasión de la tercera y última peregrinación de 1846 (año de la aparición). La cruz fue llevada por los penitentes de Corps a su destino el día 8 de diciembre, fiesta de la Inmaculada Concepción. Primero la presentaron al Padre Melin para que la bendiga, pero recordando la orden del obispo, a él no le parecia correcto conceder la bendición que pedían.

Cuando iban camino de Corps, los penitentes encontraron al sacerdote en una capilla en el camino y le hicieron el pedido de nuevo. Ante esta insistencia el sacerdote decidió agradar a todo el mundo recitando sobre la cruz el ritual general de bendición que se puede aplicar a cualquier objeto. Entonces los penitentes, con mucha alegría continuaron camino a la santa montaña llevando la cruz por la nieve que en algunos lugares llegaba a casi un metro y medio de altura. Al final, casi sin energía llegaron al lugar de la aparición y colocaron la cruz en el lugar mismo donde la Virgen había hablado con los niños. Una vez más recitaron sus oraciones.

Conversión En Masa

Los milagros más grandes que brotan de La Salette son milagros de gracia. Por todo lo que uno puede descubrir, no había nada más triste para un país católico que el estado religioso inmoral de toda la gente de los distritos que rodeaban La Salette en el momento de la aparición. Insubordinación, blasfemia, profanación de domingos y días santos, una negligencia completa con respecto al ayuno y la abstinencia en los días indicados. Ningún sacerdote podía pasar por estos lugares sin escuchar algún insulto. Se habían abandonado de tal forma los sacramentos que solamente dos hombres en Corps hicieron su Comunión Pascual, y lo hicieron bien temprano para escapar de las burlas de sus compañeros.

Así era la situación cuando María llegó a La Salette y lloró por su pueblo. Pero sus lágrimas no fueron en vano. Las tres peregrinaciones que hicieron a la montaña en menos de tres meses después del acontecimiento era solamente el comienzo de conversiones en masa. Las conversiones tan espontáneas y tan generales constituyen en sí mismas los verdaderos milagros en el orden moral y pruebas impresionantes de la fuerza espiritual de la Aparición. La condición religiosa de toda la zona cambió totalmente.

Las iglesias comenzaron a llenarse de gente. Delante de los confesionarios se formaron largas filas. En la Misa de Nochebuena de ese año, el párroco contó con mucha alegría que unas quinientas personas comulgaron; la mitad de ellos eran hombres en vez de la docena que normalmente había. Se estaba superando bastante rápido la práctica de blasfemar. Si un campesino escuchaba a otro blasfemar le recriminaba: *"¿No es eso lo que la Santísima Virgen prohibió? ¿Quieres traer de vuelta el hambre?"* Y su compañero respondía: *"Perdón, me olvidé"*.

Esta transformación feliz llegó a ser aún más visible durante el tiempo de Pascua de 1847, cuando en Corps se hizo un jubileo autorizado por el Papa Pío Nono, conmemorando su entronización como Papa. En abril de ese año el Padre Melin contó al obispo lo que estaba sucediendo. Había una inmensa buena voluntad mostrada por parte de todos por este jubileo. Muchos hicieron su Comunión Pascual, todo gracias a *una famosísima predicadora y confesora: la Bella Señora*. De hecho, ella había concedido tantas gracias que el párroco ahora se ocupaba de cómo asegurar la perseverancia de tanta gente que tenía en ese momento disposiciones tan admirables. El párroco estaba particularmente impresionado por las lágrimas de pecadores que habían abandonado su práctica religiosa hacía mucho.

Mientras el relato de los pastorcitos impresionaba a los oyentes, los acontecimientos posteriores tendían a confirmar lo que los dos niños decían. El efecto era tan fuerte que el pueblo de Corps se negaba ahora a realizar trabajos en domingos, incluso los trabajos imprescindibles que la Iglesia en su sabiduría no prohíbe. Entonces cuando venían grandes vagones de la ciudad de Provence, aunque estaban muy cargados y apurados, ya no encontraban un cambio de caballos un día domingo. Ningún campesino atrevía moverse el día domingo, salvo que el párroco le ordene levantar alguna cosecha amenazada por una tormenta. Tal vez una rueda necesitaba un arreglo urgente, pero en domingo no había herrero que la arreglara. El Padre Perin, pastor del pueblito de La Salette dio un testimonio parecido de la *"renovación espiritual"* que la Bella Señora había causado en su vecindario. Casi como San Pablo, los fieles habían sido *"tirados al suelo"* por este golpe del cielo. Las oraciones eran más frecuentes, las confesiones más sinceras y conversiones más frecuentes, *"¡Ah! Qué alegría para mí como párroco en La Salette. Eran los días más felices de mi vida"* dijo el Padre Perin.

Abbé Perrin, pastor de la aldea de La Salette

Pero hasta las regiones más distantes de Francia sintieron esta influencia. El primer obispo que visitó la Santa Montaña, fue Monseñor Villecourt de la diócesis de La Rochelle al oeste de Francia. Después de su peregrinación en julio de 1847 publicó una historia de la Aparición y una defensa de su autenticidad, describiendo la metamorfosis espiritual que la aparición provocó. Escribió:

"Un cambio notable se manifestó muy pronto en todos los alrededores de Corps, en una gran porción de la diócesis de Grenoble, en otras diócesis cercanas e incluso, en diócesis distantes. Blasfemias contra el Santo Nombre

eran muy frecuentes antes, pero ahora no se escuchaban más. Incluso hubo algunos castigos para aquellos que blasfemaban. Los efectos saludables se sentían aún en el extremo oeste de Francia. Muchos que se habían olvidado de Dios y vivían constantemente burlándose de las leyes de la Iglesia, ahora se postraban a los pies de los sacerdotes en los confesionarios. Las lágrimas abundantes y amargas que caían de sus ojos eran confirmación de la sinceridad de su conversión".

Estos resultados no fueron logrados por la influencia del clero. Este se mantenía en gran silencio con respecto a la aparición esperando la decisión del obispo. Las conversiones fueron inspiradas por el testimonio fiel de los dos testigos corroborados por la fuente que había surgido en el lugar de la aparición, como así también por las numerosas sanaciones milagrosas que se estaban anunciando por todos lados. Otro de los puntos que confirmó lo que declaraban los pastorcitos fue el cumplimiento parcial, pero terrible, de las profecías que la Bella Señora había anunciado.

[Porque mientras la Voluntad de Dios se manifestaba en todas partes, su justicia también golpeó al pueblo tal como la Señora había dicho.] El invierno de 1846 era particularmente severo, especialmente para los pobres. Desde el comienzo había pocas papas en el mercado y "para Navidad ya no había más". El precio del trigo también subió mucho y las verduras se pudrían. Era raro encontrar un pedazo de pan; comían pan de cebada en vez de trigo. Cuando finalmente la primavera llegó, fue común encontrar gente pobre correr a sus campos y sacar las hierbas para satisfacer su hambre.

Los relatos históricos muestran notablemente el cumplimiento de las profecías de la Señora con respecto al hambre que iba a azotar a toda la zona. Con el hambre subió el índice de mortalidad infantil en Francia y en Europa. Sin duda alguna, dos niños ignorantes jamás podrían haber previsto esto. El diario francés "Constitutionnel" en marzo de 1856 comentó:

"aunque no sabemos cuántos han muerto en 1855, creemos que el año va a mostrar un aumento de unas ochenta mil muertes atribuidas al precio muy alto de los alimentos".

Eso significa que en un año casi cien mil personas habían muerto de hambre solamente en Francia. Según los cálculos conservadores de 1854 y 1856, casi un millón de personas murieron en Europa por el *"alto precio de los alimentos"*.

En cuanto a Irlanda, donde el hambre era más grave, podemos leer el discurso de la Reina Victoria cuando abrió el Parlamento Inglés el 19 de enero de 1847. Ahí vemos que el mismo año de la aparición la pérdida de la cosecha de papas fue causa de un sufrimiento cruel y de un notable aumento en la muerte de las personas.

También la Bella Señora había anunciado: *"Niños pequeños van a experimentar un temblor y morirán en los brazos de aquellos que los tengan"*. Esta profecía se cumplió a la letra.

En 1847 había un aumento de mortalidad entre niños de Corps y los pueblitos de los alrededores. En 1854 grandes números murieron de cólera complicado por una fiebre (probablemente relacionada con la tuberculosis). Estas pequeñas víctimas de repente eran envueltas por un frío violento, temblando todo su cuerpo y morían después de dos o tres horas de agonía.

El 1849, las viñas se secaron y las nueces se carcomieron en toda Francia.

No podemos dejar de lado la coincidencia de tales calamidades con las palabras de la Bella Señora.

El Primer Aniversario De La Aparición

Tan pronto como la primavera de 1847 había librado las montañas de la gran cantidad de nieve que había obstaculizado los caminos durante el invierno, los peregrinos de nuevo comenzaron a subir a la Santa Montaña. Vinieron en número cada vez más grandes, no solamente de los rincones de Francia, sino de otros países de Europa. Gente de diferentes ocupaciones y niveles sociales: médicos, sacerdotes, abogados, profesores, labradores, obreros y campesinos, todos se unieron en una gran procesión espiritual convocados por el impresionante testimonio de los dos niños.

Miembros distinguidos del clero como así del laicado se apresuraron para llegar al lugar del acontecimiento, y estudiar para sí mismos los hechos. Con raras excepciones, volvieron a sus hogares convencidos del origen sobrenatural de la visión. Los corazones seguían convirtiéndose.

Grandes gentíos rezaron en esas alturas solitarias y derramaron lágrimas de sincero arrepentimiento. Se convirtieron y regresaron a sus casas transformados. Tanto las gracias como la fuente milagrosa nunca han dejado de brotar en ese Santuario.

Una manifestación magnífica e inesperada de fe y piedad marcó el primer aniversario de la aparición, que ese año ocurrió en un día domingo. Se anticipaban más peregrinos de lo normal para que pudieran cumplir la obligación de la Misa dominical. El obispo de Grenoble permitió la celebración de la Misa de los peregrinos. Pero ocurrió algo asombroso: aunque no se habían tomado medida para invitar o atraer gente a la montaña, vinieron peregrinos de toda parte de Francia y de otros países, entre los cuales había doscientos cincuenta sacerdotes. Todavía no había ni casa ni nada para recibirlos ahí arriba. Una fuerte lluvia caía desde las ocho de la noche hasta las diez de la mañana del otro día (domingo). Aun así, mil quinientas personas pasaron la noche en la montaña.

A la una de la mañana, iluminando la oscuridad con antorchas, se podía ver la cabecera de una procesión que subía los caminos pedregosos, mientras se veía el resto de esta peregrinación que se extendía unos veinticinco kilómetros por los caminos en dirección a Gap y Grenoble. Con cada hora de la mañana que pasaba, más peregrinos llegaban al lugar de la Aparición. Dos altares fueron preparados y protegidos con techos provisorios. En estos altares se celebraba el Santo Sacrificio unas treinta o cuarenta veces.

Los documentos indican que, por tan apretada como estaba esta enorme multitud no había ningún desorden. Solamente cuatro policías estaban ahí y su ocupación principal era de abrir paso para los que quisieran comulgar o alcanzar la fuente milagrosa. Una neblina espesa cubría la montaña y los valles de abajo, de tal forma que los peregrinos por mucho tiempo podían verse solamente por una distancia de unos treinta metros. Aunque no se podía ver mucha gente, se escuchaba retumbar en la montaña los himnos y oraciones de un gran gentío. Por fin, cuando el sol hizo desaparecer la neblina, reveló toda esta escena en su grandeza: peregrinos seguían llegando en colas cada vez más grandes saliendo de entre las nubes que todavía cubrían el valle.

¡Quién podría expresar los sentimientos que llenaban los corazones en ese día tan hermoso! Un sacerdote entonó el *Magníficat* y fue cantando en dos coros de unas treinta mil voces cada uno. Los ecos pasaron de una cima a otra en este anfiteatro inmenso formado por las dos montañas: Chamoux y Gargas. Había armonía, entusiasmo y oración, y muchos ojos se llenaron de lágrimas. ¡Qué bien se cumplió la profecía de la Virgen! *"Todas las generaciones me dirán feliz"* (Lucas 1:48b). Nunca se realizó esa profecía de una manera tan impactante como en ese lugar desértico donde ella había aparecido hacía solamente un año. Según cálculos muy confiables, unos sesenta mil peregrinos se juntaron ese día del aniversario de la aparición. Superaron todo obstáculo para responder a la invitación maternal de la Bella Señora: *"Acérquense hijos míos, vengo a contarles una gran noticia"*.

Un sacerdote alto se puso de pie delante de la multitud y con una voz poderosa gritó: *"¡Hermanos, recemos por Francia!"* una emoción común unió todos los corazones mientras ofrecían oraciones entre lágrimas por su querido país, tan admirable a veces, pero lamentablemente infiel en muchas ocasiones a los designios del cielo y tan infiel a su papel como hija *más antigua de la Iglesia*. Porque era en Francia donde ocurrió la aparición y era a esa nación que las amenazas y las lágrimas de María fueron dirigidas de modo inmediato, aunque ella se dirigió también a esas multitudes de sus hijos descarriados de todo el mundo cristiano.

Nuestra Señora de veras había convocado a su pueblo por medio de la voz de sus jóvenes apóstoles. Ellos también estaban ahí ese día, los dos niños sencillos, casi perdidos entre el gentío. Durante los cinco largos años en que fueron testigos oficiales de la aparición, nunca se mostraron más admirablemente fieles a su difícil misión.

Tan pronto que la gente espiaba a Melania, acompañada por su padre y las hermanas de Corps que estaban encargándose de su educación, grupos de personas vinieron corriendo una y otra vez para conversar con esta niña privilegiada. Tanta atención le costaba mucho a ella por su humildad y timidez. Frente a este bombardeo sin fin y muchas veces sin consideración de parte de la gente, Melania no obstante respondió con ganas a la curiosidad de aquellos que le preguntaron, recitando una y otra vez el discurso de la Señora con mucha simplicidad y ánimo. Era muy emocionante verla. Sin embargo, su deseo de no estar a la vista de todos era evidente y ella buscaba pasar desapercibida. Finalmente, cansada de soportar tantas miradas, rogó a su padre de llevarla de vuelta a casa.

Abbé Gerin,
Rector de la Catedral

Maximino, durante ese mismo día tan memorable estaba bajo la protección de su padre y del Padre Melin, el párroco. Con gran piedad asistió a la Misa del Padre Gerin, Rector de la Catedral de Grenoble. Después, Maximino se dedicó a responder a las infinitas preguntas de los peregrinos con su amabilidad acostumbrada. Como Melania, él permaneció simple en medio de esta multitud, no caía en la vanidad. Sin embargo, debido a la diferencia de su carácter y sexo, él era más comunicativo, más abierto, y sintió más tranquilidad que la pastorcita. Finalmente él también estuvo totalmente agotado y fue necesario sacarlo de ahí y de las miradas de la multitud.

Muchos peregrinos deben haber meditado lo que experimentaron ese día. Habían visto esta inmensa cantidad de gente en un lugar muy inaccesible. Escucharon los sermones conmovedores. Palparon el entusiasmo santo de miles de personas que habían venido sólo sobre la base de las palabras de dos niños ignorantes cuyos únicos atractivos eran su simplicidad, su franqueza y la pureza de sus almas. ¿Todo era puramente natural y humano? ¿O al contrario sobrenatural y divino de sus orígenes? ¿Cómo podrían dos niños sin imaginación y sin malicia haber inventado esta historia? Si la hubieran inventado ¿cómo podrían haberse mantenido fieles a ella sin contradecirse?

Capítulo 5: En La Escuela De Las Hermanas

Escuela St. Joseph en Corps

Hemos visto que el día después de la Aparición, Maximino fue llevado de vuelta a Corps mientras Melania continuó cuidando los rebaños de Baptista Pra. Separados así, ambos habían hecho conocer la Gran Noticia en sus respectivos ambientes, con ganas, relatando el acontecimiento a cualquier persona que deseaba escucharlos. Muchas veces acompañaron a los peregrinos al lugar de la Aparición, respondiendo a sus preguntas minuciosas y solucionando sus dificultades. Pero a nadie dirían ninguna palabra sobre los secretos que habían recibido.

Después de tres meses era innegable que los niños, aunque uno estaba en Corps y el otro en La Salette, no diferían en lo más mínimo cuando narraban la historia de la visión. Al contrario, relataban los mismos hechos con casi las mismas palabras. Entonces la Providencia

45

Divina los unió una vez más.

Años anteriores, un párroco de gran celo apostólico dio a Corps la gran fortuna de tener una escuela parroquial dirigida por las Hermanas de la Providencia. Esta era una congregación joven, en crecimiento, con su casa materna en Corenc, cerca de Grenoble. Un día, a mediados de noviembre de 1846, Maximino fue al convento para ver a la Madre Superiora, pero ella estaba enferma y le pidieron volver en otro momento. El niño, pasando cerca del cuarto de ella, valientemente se aproximó a la buena monja y le pidió que le enseñara de inmediato como leer una tarjeta del alfabeto que él tenía en su mano. La hermana enferma logró despedirse de Maximino solamente después de darle su primera lección.

Maximino vino de nuevo en los días siguientes y muy pronto, con la aprobación del obispo de Grenoble, fue recibido definitivamente en la escuela de las hermanas. Al principio regresaba a su casa todos los días, pero más tarde llegó a ser interno.

Melania permaneció en la casa de Baptista Para hasta mediados de diciembre y después volvió a su familia en Corps. Cerca de Navidad ella también llegó a ser alumna de las hermanas. Los dos pastores permanecieron en esta escuela hasta septiembre de 1850, un período de cuatro años. De esta manera Monseñor de Bruillard los acogió "debajo de sus alas" para protegerlos más eficazmente de los peligros evidentes del contacto constante con miles de peregrinos curiosos.

Durante este período, las hermanas se esforzaron con mucho esmero para instruir a los dos y formar sus caracteres. Las hermanas eran verdaderamente madres para los niños, especialmente la Superiora, Hermana Thecla, una mujer de buen juicio como también de corazón bondadoso. El ingreso de los dos niños no fue en nada un corte de su libertad. Sus padres podrían llevarlos de vuelta a casa en cualquier momento si así lo deseaban. Los peregrinos que deseaban verlos también podían ir a la escuela para entrevistarse con ellos. Cuando alguien buscaba a los niños, una hermana los llevaba a una salita y después se retiraba discretamente. Sin embargo si los visitantes invitaban a la hermana a permanecer, ella se quedaba y hablaba solamente cuando le preguntaban algo.

Numerosas veces durante estos cuatro años, el padre de Melania deseaba traerla de vuelta a casa, dejándose aconsejar por "malas lenguas" que insinuaban que las hermanas mantenían a su hija para enriquecerse con sus discursos. Otras veces el padre de Melania quiso traer a su hija de regreso por su propia voluntad y sus propios intereses. La Superiora entregaba a Melania sin ninguna cuestión, pero el padre siempre la traía de regreso a corto plazo. Ocurrió una vez que Melania misma optó por abandonar el convento por capricho. Nadie la obligaba a regresar, pero regresó por su propia voluntad.

En ciertas ocasiones, la Superiora sabiamente se esforzó de humillar a los pastorcitos, a veces en público, para que no quedaran presos del orgullo debido al favor singular y gratuito que habían recibido de la Reina del Cielo. Las hermanas raramente hablaban a los niños sobre la Aparición. Cuando se referían a la aparición era para recriminar a los niños por sus malas palabras y sus faltas "indignas" de niños que habían recibido un favor tan grande.

Las Cualidades De Los Niños

El amable y famoso Obispo Villecourt de La Rochelle, visitó la Montaña Santa en julio de 1847, y pasó un día entero en compañía de los niños. Así logró retratar vivamente para la posteridad las personalidades de los dos testigos, en especial la personalidad de Maximino.

"Maximino—escribe el obispo—es un chico muy despierto. No puede decir una palabra sin despertar interés en los demás, tanto por su tono de voz como por la franqueza de su expresión. De naturaleza es cariñoso, agradecido y sencillo. En las mil y una circunstancias en que los peregrinos cuestionan a Maximino, para poder contradecirle o hacerlo contradecir a sí mismo, tiene tanto autodominio que nunca pierde su calma. Parece que esta disposición en él es de nacimiento y aparentemente no requiere esfuerzo de su parte. Tarde o temprano, la franqueza de su alma se revela. Sus expresiones, además de ser amables, son un espejo verdadero y correcto de sus sentimientos interiores. Si alguien le pide hablar de los bienes de esta tierra, pronto revela que mira esas cosas con desprecio. Es generoso y desinteresado; se podría desprender de todo lo que tiene

para dártelo si te pudiera persuadir de aceptarlo. Es un enorme placer para él cuando puede dar a cualquier persona un pequeñito regalo como signo de amistad. No demuestra ningún miedo frente al temor de la muerte. Al contrario, expresa su deseo de morir joven para así evitar cometer muchos pecados por la debilidad humana y las tentaciones de este mundo. El expresa estos sentimientos cada vez que alguien habla con él sobre la policía, la prisión o la persecución y peligros que lo amenazan por todas partes.

"Ama a la Santísima Virgen y parece que siempre confía en su protección. Su devoción, sin embargo, es calmada y se manifiesta más bien por algunas palabras pasajeras casi inconscientes. El es tan puro que parece no tener ni la menor idea del vicio contrario y no entiende el lenguaje que podría insinuar impureza. Su humildad es sincera y se manifiesta cuando cualquier signo de afecto le es mostrado porque inmediatamente él enfatiza que es de condición y origen muy humildes".

En cuanto a la humildad, Melania no se quedaba atrás de Maximino. Una señorita de Brulais, directora de una escuela de niñas en Nantes, Brittania (una parte de Francia), llegó a conocer íntimamente a los dos niños en este período y en los dos volúmenes que escribió sobre La Salette, dejó un retrato fiel de los caracteres de los niños. Hablando de Melania, ella dice:

"Lejos de sentirse engrandecida por ser ella centro de atención, Melania prefería evitar esta atención salvo que la conciencia de su misión predominara sobre la timidez de naturaleza. Esto se ve claramente en sus palabras, que prefería no tener la misión de hacer conocer la aparición, agregando siempre que la gente se enteraría igual.'"

Lo cierto es que ambos testigos, lejos de aprovechar del favor que habían recibido para ganarse alabanzas para sí mismos, buscaban los dos permanecer 'en la sombra' lo más que podían. Hablaban de la Aparición solamente cuando la gente se lo pedía y se contentaban con respuestas concisas y directas a las preguntas que se les hacía.

Por su parte nunca hablaron de la Aparición, ni con las hermanas ni con sus parientes, ni el uno con el otro. Sin embargo un día, mientras los dos niños jugaban en la presencia de los otros niños del colegio, la Madre Superiora recriminó a Maximino por su mala educación y comportamiento.

"Hermanita—agregó Melania—¡cómo puede esperar un buen comportamiento de éste, si ni siquiera en la presencia de la Santísima Virgen se portó bien! "

¿Qué es eso? ¿Se portó mal en la presencia de Nuestra Señora?" preguntó la hermana.

Melania completó: "Mira, al comienzo se mantenía con su sombrero puesto, luego cuando se lo sacó, comenzó a hacerlo girar sobre su bastón; después se lo puso de nuevo y con su bastón de pastor largaba piedritas hacia los pies de la Santísima Virgen".

"¡Hermanita!" replicó Maximino, "¡no le vaya a creer! Ninguna piedra alcanzó los pies de la Santísima Virgen".

"¿Pero lanzaste piedras?" dijo la hermana.

Maximino replicó: "Si, pero ninguna alcanzó a Nuestra Señora, de eso estoy seguro".

De hecho, los dos niños nunca sintieron mucho atractivo uno por el otro. En una ocasión, ya que Maximino había expresado el deseo de ser sacerdote misionero, alguien le comentó en presencia de Melania:

"Si tú te haces un misionero, Melania podría ayudarte a convertir a mucha gente, ya que ella tiene el deseo de ser una hermana en alguna misión extranjera".

Respondió el niño: "Melania puede ir donde quiera pero yo no quiero ninguna mujer conmigo".

"Cuando llegue a ser sacerdote—le dijo a Melania—si tú vienes a mí para confesarte, te daré una penitencia tal que jamás volverás a confesarte conmigo".

"¿Qué me importa?" respondió la niña, "¡nunca voy a querer ver el interior

Ciudad de Corps, rodeada de montañas

de tu confesionario!"

Y con tales sentimientos de uno hacia el otro no había duda de que si uno u otro hablaba incorrectamente con referencia a cualquier detalle de la aparición, él o ella inmediatamente hubieran corregido al otro, y esto es exactamente lo que le ocurrió a Maximino con respecto a un punto sobre la Aparición.

Era con referencia a las palabras de la Bella Señora: *"Van a la Misa solamente para burlarse de la religión".* Algunas personas probablemente bien intencionadas decidieron explicar el significado de esas palabras. Según ellos, la Mensajera Divina quiso condenar con esas palabras la conducta de algunos jóvenes de Corps que iban al templo con piedritas en sus bolsillos para tirar a las chicas. Influenciado por esta interpretación ocurrió que Maximino, en algunas ocasiones comenzó a agregar ese comentario mientras relataba la Aparición. Melania un día escuchó a Maximino y exclamó:

"¡Qué estás diciendo! ¿la Santísima Virgen habló de eso?"

Fue suficiente, y el niño después de eso se limitó a relatar exactamente lo que había dicho la Señora.

Hasta este punto nos hemos dedicado a describir las cualidades y virtudes de los niños; cualidades que estaban visibles en ellos durante el tiempo que estuvieron en el colegio de las hermanas. Ahora es el momento de hablar con igual franqueza de sus defectos.

Sus Defectos De Carácter

Padre Dupanloup, que después llegó a ser obispo de Orleans visitó La Salette en junio de 1848, menos de dos años después de la Aparición. Él había sido director del pequeño seminario de París y en 1848 tenía un cargo en la catedral de Notre Dame. Él quedó realmente escandalizado con los modales rudos y rústicos de los dos pastorcitos, tan diferentes de los niños de "cultura" que estaban a su cargo y que él había educado por muchos años.

En una carta al Señor Duboys de Grenoble, que después se publicó, el Padre Dupanloup escribió la siguiente descripción crítica de los niños:

"Me encontré con estos dos niños y mi primera entrevista con ellos fue desagradable. El niño especialmente me desagradaba. He entrevistado a muchos niños en mi vida, pero pocos, si es que los hay, me han causado una impresión tan desagradable como él. Sus modales, sus gestos y su apariencia externa son repugnantes, por lo menos a mis ojos.

"La falta de educación de Maximino es notable, él es realmente muy inquieto y caprichoso. Tiene ideas absurdas y a veces demuestra una falta de educación tan ruda, tan caprichosa, tan desagradablemente insoportable que la primera vez que lo vi no sólo me sentí triste sino también muy desanimado. ¿Por qué había viajado tantos kilómetros para ver a semejante niño? De hecho me costó un esfuerzo enorme impedir que las peores sospechas entraran a mi mente con respecto a la aparición.

"En cuanto a la niña, también me dio una muy mala impresión. Sin embargo, ella es un poco más educada que el pequeño. Los dieciocho meses que ya ha pasado en la escuela de Corps parecen haber hecho

efecto en ella; no obstante esto, ella aún demuestra mucho mal humor. Estúpidamente no habla, su respuesta es sólo 'sí' o 'no' y si dice algo más en sus respuestas siempre hay una rigidez y una timidez que no deja a nadie tranquilo".

Monseñor Villecourt, a quien hemos citado anteriormente alabando a Maximino, observaba también la falta de educación en el niño: "es constantemente inquieto" escribe el futuro cardenal.

"Si por cualquier motivo haces una pausa en tu conversación con él, no importa la seriedad de la conversación, inmediatamente va escapándose para jugar con sus amigos. El día que subí la montaña con él, frecuentemente me dejó para ir caminando con otro niño que subía con nosotros y poniendo su mano sobre el hombro de su compañero, hablaba de cosas de niños. Algunas veces saltaba para subir al caballo o corría lo más rápido que podía subiendo y bajando las piedras de estas inmensas montañas".

Similarmente, la Señorita Des Brulais observó:

"No piensen ustedes que estoy ciega a los defectos de estos queridos niños. Reconozco que no son perfectos; que su naturaleza, aunque inocente y franca, es inquieta y algunas veces peor. A Maximino le falta mucho la discreción: es capaz de abrir tu bolso y averiguar todas tus pertenencias, de agarrar la fruta que tal vez has preparado para tu viaje y decirte ¿qué es esto? ¡dame aquello! Además es caprichoso; le gusta jugar demasiado. Está constantemente en movimiento y es incapaz de mantener un comportamiento adecuado frente a cualquier persona, sea quien sea.

"En cuanto a Melania, ella es menos distraída que Maximino, pero demuestra más claramente la falta de educación que la marcó desde muy niña; a veces está de mal humor, y no siempre sabe responder a la ternura. Le falta el respeto a veces a los mayores".

Reconocemos que la educación que los niños recibieron en el convento, tanto intelectual como social, alcanzó logros parciales. La madre Thecla testimonió el 16 de noviembre de 1847, frente a la Comisión Episcopal que la había invitado a hablar, que Maximino había practicado las ceremonias de monaguillo por casi un año, y todavía no sabía cómo ayudar al sacerdote correctamente. Melania tampoco podía memorizar las oraciones de fe, esperanza y caridad, aunque dos veces por día tenía que recitarlas.

No obstante la atención cariñosa e insistente que el párroco y las hermanas dedicaron a los niños, mucho tiempo pasó antes de poder imprimir sobre la mente de los niños las nociones más básicas de la religión, indispensables para recibir la Santa Comunión. Fue solo el 7 de mayo de 1848 que los niños hicieron su Primera Comunión. Maximino tenía ya casi trece años y Melania más de dieciséis años de edad.

La mejor manera de concluir este estudio de los niños durante su estadía en el convento de Corps, es de citar nuevamente el relato encantador de Monseñor Villecourt donde cuenta sobre el día que pasó en compañía de los dos niños.

Otra vista de Corps

La Visita De Monseñor Villecourt

Escribió el obispo:

"Frecuentemente Maximino me agarró del brazo mientras subíamos las montañas y expresaba con gran franqueza el placer que experimentó al estar conmigo. Besaba la cruz pectoral que llevaba y sin ninguna ceremonia sacó de mi dedo el anillo episcopal y lo guardaba por un tiempo. Lo dejé hacerlo porque en todo lo que hacía mostraba fe y respeto".

"¡Su excelencia!" preguntó Maximino en una manifestación de ternura, *"¿qué puedo hacer para agradarte?"*

"Nada hijo mío"—repliqué—*"nada más que ser siempre piadoso y sencillo".*

De repente, Maximino cambió la conversación y dijo:

"Pido a su Excelencia aceptar un pequeño recuerdo para que me tenga presente, especialmente en su oración", entonces me mostró unas pocas cruces y medallas que había recibido insistiendo que yo elija una. Me negué a hacerlo de la manera más cortés posible. Pero finalmente, percibiendo que Maximino se ponía triste, acepté una de sus medallas. El alcalde de La Salette nos acompañaba e insistió que yo aceptara andar en su caballo para seguir la subida; le agradecí pero sin aceptar su ofrecimiento.*

"Sin embargo, durante la caminata, Maximino saltaba por sobre el caballo con una agilidad admirable y permitió a Melania ponerse detrás de él sobre el caballo. Pero pronto se bajaba del animal para correr y subirse a mis brazos, mientras Melania caminaba humildemente a mi lado. Este niño parecía siempre tener algo agradable que decirme.

"El regreso de la montaña fue mucho más rápido que la subida. De vez en cuando, algunos pastores que nos veían de cerros vecinos, bajaron y se unieron a nosotros en el camino para bajar juntos a Corps. Maximino me dejaba y corría hacia ellos para decirles en el dialecto local: '¡Rápido! Arrodíllense, el obispo los va a bendecir'. Después regresaba y parecía muy contento al ver que mi bendición descendía sobre esta gente sencilla y fiel.

"Cuando llegamos a Corps, tuve que aguantar el bombardeo de súplicas tiernas de Maximino por casi dos horas. Escuchó que yo quería tomar el carro

de vuelta a Grenoble esa misma noche y, el niño no podía soportar la idea de que yo iba a salir tan pronto.

'No salga esta noche Monseñor, se lo ruego. ¿Por qué está saliendo tan pronto?' "Pero ¡hijo mío!—repliqué—ya cumplí el objetivo de mi visita. Tengo otros lugares para ir y otras cosas que hacer.

"Maximino suplicó: 'permanezca aquí una semana y yo lo acompañaré todos los días a la Santa Montaña. ¡Por favor, quédese por lo menos esta noche en Corps; puede salir mañana a la noche! Voy a ponerme mi sotana de monaguillo y ayudarlo en su misa'.

"Mientras estábamos cenando en la casa parroquial de Corps, Maximino permaneció en una sala vecina. Muchas veces entró durante la comida para renovar su pedido de que yo permanezca por más tiempo. Mi respuesta era siempre la misma. Me daba pena no poder complacerlo porque él se ponía muy triste. Más de una vez vi lágrimas en sus ojos, y debo confesar que no siempre alcancé a esconder las mías.

"Poco antes de terminar la cena entró con un vaso en su mano; lo llenó de agua y vino e hizo un brindis a la salud del obispo de La Rochelle. Ya llegaba el carro de Gap que nos trasladaría a Grenoble. Melania, que hasta ese momento se había mantenido muy tímida, parecía asumir un poco de esa libertad que Maximino mostraba. Robó mi sombrero de la sala esperando que con eso podía impedir mi salida, pero todo en vano; tan pronto que ella comenzó a correr, fue interceptada y tenía que devolver lo que había tomado como prenda.

"Subí al carro y Maximino también subió para abrazarme una vez más. El casi no podía hablar. Le di mi bendición paterna aunque no sé con qué palabras, pues tal era mi emoción. Él había recibido mi primera bendición a las cuatro de la mañana de ese mismo día y mi última bendición a las nueve de la noche".

Al regresar a la sede episcopal de La Rochelle, en la costa oeste de Francia, el obispo escribió a su amigo y colega, Monseñor de Bruillard de Grenoble:

"He regresado de La Salette. No solamente me siento convencido de la aparición, casi siento que está comprobada". Y ocho meses después de la

Aparición Monseñor Villecourt publicó uno de los primeros relatos autorizados del acontecimiento. Manifestó sus inquietudes y dio expresión a su propia convicción privada. El obispo de Grenoble lo felicitó por su libro, pero seguía esperando el momento oportuno de declararse personal como también oficialmente sobre la cuestión de autenticidad.

De hecho, el momento no había llegado todavía. En ese asunto de tanta importancia, solamente un estudio prolongado y objetivo de todas las circunstancias de la supuesta visión podía conducir a un juicio doctrinal sabio y seguro. Mientras tanto, el obispo y la comisión especial que él estableció estaban recibiendo mucha luz valiosa y ayuda de unas investigaciones privadas hechas por personas competentes, entre laicos y clero. Esto era un gran aporte a la investigación oficial.

Ya en febrero de 1847, el Padre Lagier, pastor de una parroquia no muy distante a La Salette, visitó su casa paterna en Corps con motivo de la enfermedad de su padre. Aprovechando de esta oportunidad excelente, tuvo varias entrevistas privadas con los niños en la sala de la escuela de las hermanas y anotó cuidadosamente cada respuesta de ellos. Melania fue entrevistada tres veces. ¡El período de interrogación más corto duró casi cuatro horas! Maximino, menos capaz de aguantar tanto tiempo, pues era más inquieto, fue examinado una sola vez, pero ambos fueron sometidos a una interrogación de estilo policial y su testimonio resultó adecuado a ese *"asalto".*

"Cuando el Padre dejó Corps en marzo, su alma estaba en paz con respecto a la veracidad de los niños. Llevó sus escritos con él con mucha satisfacción personal sin ninguna intención de repartirlos ni a sus amigos más cercanos. Muy pocas personas, de hecho, tuvieron el privilegio de leer su manuscrito original. Es muy probable sin embargo que Monseñor Rousselot, delegado principal del obispo para la investigación canónica, obtuviera una copia revisada de estos apuntes, ya que fueron mencionados honorablemente en el reportaje de la Comisión Episcopal en diciembre de 1847 y en la instrucción que Monseñor Ginoulhiac (1806-1875) emitió en 1854. Este reportaje de "primera mano" de gran valor a todos los historiadores posteriores de la aparición, fue publicado en inglés en 1946 (P. Emile Ladouceur, M.S., *The Abbé Jots It Down*, La Salette Press, Altamont, New York, 1946)

Estudiaremos más específicamente el escrito revelador del Padre Dupanloup sobre el fenómeno de La Salette. Él era una autoridad muy conocida en el área de la educación, y era un maestro de la psicología de niños. Examinó sistemáticamente el carácter de los niños y su reacción psicológica al acontecimiento sobrenatural que habían experimentado. Ese estudio forma entonces, un capítulo notable en la historia de la Aparición.

Abbé Lagier: entrevista a los niños

Capítulo 6: Las Pruebas
De Autenticidad De La Aparición

Amigo del Padre Dupanloup, un tal Albert du Boys, frecuentemente invitaba al Padre a su casa en el campo de la Combe, en las afueras de Grenoble. Al escuchar tanto sobre La Salette, el Padre resolvió sacar provecho de estar tan cerca del lugar. Hizo una visita de tres días a Corps y de paso se entrevistó con los niños. Quiso estudiar el acontecimiento para sí mismo, porque lo que había leído hasta ahora sobre la Aparición no le convencía para nada. Estos escritos mostraban entusiasmo y fervor, y en vez de conmoverle le habían hecho surgir ciertas dudas.

Abbé Félix Dupanloup

Él escribió su relato e impresiones en forma de una carta privada que fue publicada en uno de los diarios católicos principales del país un año después. Las pruebas de autenticidad que el elabora poseen mucha claridad y precisión. Son el carácter y respuestas de los niños y su fidelidad a los secretos.

Las impresiones que el Padre Dupanloup sintió durante su estadía de tres días en Corps y La Salette casi no tienen gracia; él mismo relató que salió tal como había venido, sin emoción, casi indiferente.

"Y sin embargo, cuanto más me alejo de estos lugares, más voy ponderando y meditando todo lo que he visto y escuchado y cada vez más mi reflexión me impone una convicción que de cierta manera hace violencia en mi mente. Constantemente me veo repitiéndome a mí mismo: sin duda, aquí se ve el dedo de Dios".

Lo que más lo impresionó, en primer lugar, fue la transformación en el carácter de los niños cada vez que se trataba de la Aparición. En segundo lugar, quedó impactado con las muchas respuestas que superaban la capacidad de los niños, respuestas que demostraron una madurez mayor que la edad que tenían, en tercer lugar, señala la fidelidad con que mantuvieron los secretos que se les había confiado.

Primera Prueba De Autenticidad : La Transformación Del Carácter De Los Niños

Como ya hemos observado en el capítulo anterior, el Padre Dupanloup dio un retrato bastante realista de las faltas de los niños, sus limitaciones tal como él las veía. Al mismo tiempo reconoció que otras personas competentes, Monseñor Villecourt y la Señorita Des Burláis por ejemplo, tenían impresiones más favorables de la conducta y personalidad de estos dos testigos. Así mismo el Padre Dupanloup se limitó a dar sus propias reacciones personales y comenzó su reportaje observando con toda sinceridad: *"Debo confesar que si mi testimonio a la larga se torna favorable a los niños, no será un testimonio sospechoso. Sin duda, no me voy a dejar engañar por ellos"*.

Él tenía interés especialmente en Maximino. Subió a la montaña con él y estuvo en su compañía por catorce horas. Tuvo mucha oportunidad de estudiar también el carácter de Melania y mientras los observó, sus ¡deas experimentaron un cambio. Ya en ese primer día, los niños elegidos por *la Bella Señora* sin duda le parecían testigos rudos, pero el origen sobrenatural de la aparición comenzó a imponerse en la mente del sacerdote. *"No obstante estos niños y todo lo desagradable que hay en ellos, tengo que admitir: todo lo que dicen, todo lo que puedo ver y escuchar no se explica sin que estén diciendo la verdad"*.

Alguien había dicho que contaban la historia de una manera memorizada, rutinaria; parecía lógico, ya que habían repetido miles de veces la misma historia. El Padre podría aceptar eso, siempre que esa manera rutinaria de relatar no cayera en el ridículo: pero justo ocurrió lo contrario. Dice el Padre:

> *"Aunque estos niños me desagradaban tremendamente antes de escuchar su relato y aunque continuaban desagradándome después*

de su relato, confieso que mientras relataban, los dos actuaban con sencillez, seriedad, y hasta solemnidad. Este tipo de respeto religioso hacía un gran contraste con los hábitos normalmente rústicos y desagradables del pequeño niño, y con el mal humor constante de la niña".

En el segundo día, el Padre Dupanloup se esforzaba constantemente para ganar la confianza de Maximino y así poder observar mejor sus defectos. Ya que el Padre Dupanloup tenía un poder extraordinaho sobre los niños, fácilmente logró ganar la confianza de este niño tan impulsivo y sencillo. El niño pronto comenzó a tratarlo con total libertad. Pero cuando el tema de la Aparición surgía una y otra vez, no importaba si era de repente o no, tanto Maximino como Melania parecían de pronto transformados:

"De golpe se tornaban serios, solemnes; casi involuntariamente, pero sin arte y con mucha simplicidad, asumieron gran respeto, tanto para sí mismos como para el mensaje que relataban. Pronto contagiaban en los oyentes una clase de admiración religiosa para lo que relataban como así para sus propias personas. Constaté esta transformación constantemente y a veces muy vivamente, sin dejar por un momento de tener una impresión desagradable hacia estos niños.

"Cuando hablan del gran acontecimiento que profesan haber visto o cuando responden a las preguntas que se les hace referente a esto, siempre manifiestan respeto por lo que dicen. A veces dan unas respuestas totalmente asombrosas y no esperadas por sus interrogadores, dejando a todos con la boca abierta. Cuando sus respuestas cortan todo cuestionamiento indiscreto y resuelven las dificultades más grandes con sencillez y profundidad, de manera absoluta, los niños no gozan de su triunfo. No se detecta la sonrisa más mínima en sus labios en esos momentos.

"Nunca responden con orgullo a las preguntas que se les hace, sino de la manera más sencilla y breve. Sus respuestas son rústicas a veces, pero lo justo y preciso de las mismas siempre es extraordinario. Cuando surge alguna cuestión con respecto a este gran acontecimiento, dejan de mostrar esas faltas comunes de su edad y sobre todo no hablan tonterías. Maximino normalmente conversa

bastante y cuando se siente a gusto es chismoso.

"En las catorce horas que pasamos juntos, me dio toda prueba posible de este defecto; habló de todo lo que entró en su mente con abundancia de detalles. Me cuestionaba sin restringirse. Me daba su opinión primero y luego se contradecía. Pero con respecto al gran acontecimiento que relataba, como así sus propias esperanzas y miedos para el futuro, en todo lo que se refería a la aparición ya no era el mismo niño. Sobre este punto nunca toma la iniciativa, nunca comete una indiscreción. El nunca da un detalle más allá de lo que la pregunta precisa. Cuando termina de relatar lo que le pidieron se torna silencioso. La gente desea más, quisiera que continuara y agregara más detalles, que relatara lo que sentía y lo que siente ahora, pero no; no agrega ni una palabra más de la respuesta precisa. Pero después retorna a la conversación de antes, habla libremente de cualquier cosa en el orden que entra en su mente o simplemente sale corriendo. El hecho es que, ni él ni ella tienen gran deseo de hablar sobre el acontecimiento que los ha hecho tan famosos".

Los niños de La Salette nunca han recibido un retrato tan exacto ni tan definido, como una psicología tan precisa y directa. Padre Du-panloup agrega que nunca conversan sobre la aparición entre sí ni con sus compañeros, ni con las hermanas. Solamente responden a preguntas, pero con cautela.

"Cuando alguien les pregunta, responden; cuentan el hecho, si es el caso o simplemente dan una solución si es una dificultad que se les propone. Ni agregan ni sustraen más allá de lo necesario. Nunca niegan a responder a las preguntas que se les hace, pero nadie ha logrado sacarles más que palabras en la medida justa.

"Puedes multiplicar las interrogaciones indiscretas, pero nunca dan una respuesta indiscreta. La discreción, una virtud tan difícil, parece natural en ellos en un grado extraordinario, pero solamente sobre este tema. Por más que se les aprieta, encuentras en ellos algo invencible que ellos no se pueden explicar ni a sí mismos. Hay algo que vence todo ataque. Involuntariamente y con mucha seguridad refutan las trampas más fuertes y desafiantes.

"Quien conoce bien a los niños y los ha estudiado bien, sabe que su naturaleza es ligera, constante, vana, charlatana e indiscreta. Quien conoce bien todo esto y hace los mismos experimentos que yo he hecho, compartiría el asombro y admiración que yo he sentido y se preguntaría si son los niños los que causan esa admiración o si es un poder superior divino.

"Agrego que en estos dos años, los niños y sus padres permanecen tan pobres como antes. Este es un hecho que he constatado ampliamente, para mi propia satisfacción y es muy fácil comprobarlo, sin duda alguna".

Pero había otro fenómeno psicológico que este prelado no dejó de observar. Los dos niños, más particularmente Maximino, con quien tuvo un contacto más prolongado y más cercano, parecía guardar una simplicidad y humildad absoluta. No obstante, el honor que habían recibido y la fama que este honor atraía, la simplicidad y la humildad de los niños parecían naturales en ellos. Manifestaban estas cualidades con cierta ingenuidad, *lo cual causa una gran admiración cuando uno mira de cerca y reflexiona sobre esto.*

De hecho, ellos no entendieron los honores que habían recibido y parecía que no tenían interés, ni idea, de la fama que sus nombres habían alcanzado. Habían visto miles de peregrinos; sesenta mil sólo en el día del primer aniversario de la aparición. Estos habían venido como consecuencia de la historia que los dos pastorcitos habían relatado sobre la montaña de La Salette. Pero no asumieron aires de importancia de ninguna manera, ni mostraron algún cambio sobre la manera de hablar y actuar.

Miraron todo eso sin asombro, sin pensar, sin llegar a conclusiones con respecto a sí mismos, *"y de hecho, si lo dicen es la verdad"*—continúa el Padre Dupanloup—*asumieron su misión de la misma manera en que la Santísima Virgen la asumió. Ella no quiso dar a los niños un honor; ella simplemente eligió para sí testigos que podrían eliminar toda sospecha, a través de una simplicidad profunda, completa, extraordinaria y sin par; una simplicidad que no se podía explicar ni comprender meramente por la naturaleza humana. Y la Bella Señora eligió bien.*

"Tal es la prueba de veracidad que yo descubro en estos niños".

Segunda Prueba De Veracidad : Las Respuestas De Los Niños

El Padre Dupanloup encontró una segunda prueba de veracidad en las respuestas que los niños daban. Estas respuestas estaban más allá de su edad y capacidad. Los niños respondieron con total naturalidad durante las varias interrogaciones a las que fueron sometidos.

"Se debe observar, que nunca en una corte de justicia se ha inter-rogado a los culpables con tantas preguntas sobre su crimen como se hizo con estos dos niños humildes, durante estos dos años de investi-gación sobre aquello que ellos habían visto. Dificultades que fueron preparadas de antemano, con mucho tiempo de anticipación con el fin de atraparlos.

"Esas dificultades siempre han recibido de ellos respuestas claras, breves, inmediatas y precisas. Es evidente que ellos solos no tendrían la calma que demuestran si lo que decían no era la verdad.

"Se les conduce como malhechores al lugar de la aparición (o de la decepción, si decepción es) y nunca se preocupan de la presencia de personas muy distinguidas. Nunca tienen miedo de las amenazas, no se dejan atrapar por los cariños, y nunca se cansan, por más lar-gas que sean las interrogaciones. Además, la frecuente repetición de estas pruebas nunca fue causa de contradicción, ni entre ellos ni a sí mismos. No hay dos seres humanos menos aptos para ser cómplices de un fraude. Si hubieran sido cómplices en un fraude, tendrían que ser genios extraordinarios para ser consecuentes constantemente consigo mismos durante los dos años que duró la investigación sobre el hecho, con un rigor sin interrupción.

"Y pese a que nunca se contradijeron, aparecieron elementos que mostraron la rusticidad de su origen. A veces tienen cierta impa-ciencia y mal humor; a veces dulzura y calma como así también dominio de sí mismos. A veces - más bien siempre - es notable la discreción, la reserva, la profundidad impenetrable que exhiben para todas las personas: padres, compañeros, conocidos y las perso-

nas del mundo entero".

Preguntas Y Respuestas

Para demostrar lo que el Padre Dupanloup estaba diciendo, él cita algunas preguntas y respuestas que sacó de sus recuerdos personales, como también de los reportajes oficiales que fueron guardados en el archivo del obispado, en la diócesis de Grenoble. (Debido a la limitación de espacio en este libro, se va a dar solamente algunas de las respuestas más notables dadas por los niños).

Pregunta : ¿Sabías hablar francés antes del 19 de septiembre de 1846?

Respuesta : (Melania) No sabía hacerlo.

P : ¿Lo comprendías?
R : Tampoco lo comprendía.

P : ¿Y después, no repetiste en francés esa misma noche de la Aparición lo que la Santísima Virgen te había dicho en francés?
R : ¡Sí! Dije tal como ella me lo dijo.

P : ¿Estás totalmente segura que no lo dijiste en dialecto ese primer día cuando bajaste de la montaña?
R : ¡Cómo podía decir en dialecto lo que Ella me dijo si yo no sabía cómo traducirlo! No sabía francés.

P : ¿Cómo podías repetir en francés lo que la Santísima Virgen dijo en francés, ya que hablabas solamente dialecto?
R : Lo dije tal cual ella lo dijo.

Las siguientes preguntas fueron hechas a Maximino.

P : ¡La *Señora* te ha engañado Maximino! Te dijo que iba a haber una gran hambruna y sin embargo la cosecha en todas partes está muy buena.
R : ¿Qué me importa? Lo dijo ella. Es asunto de ella.

P : La *Señora* que has visto está en la cárcel en Grenoble.
R : Tiene que ser muy vivo quien agarre a esa Señora.

P : La *Señora* que has visto era solamente una nube brillante y luminosa.

R: Pero una nube no habla.

P : (Un sacerdote) Estás contando un cuentito Maximino. No te creo.

R : ¿Qué me importa a mí? Estoy encargado de decírselo, no de hacérselo creer.

P : (Otro sacerdote) Vamos, no te creo. Estás contando un cuentito.

R : ¿Y por qué vienes de tan lejos para cuestionarme?

P : (A Maximino aparte) Tal vez fue el diablo el que te dio este secreto tuyo.

R : No. El diablo no lleva una cruz en su pecho, y el diablo no prohibe la blasfemia.

En agosto de 1847, Melania fue interrogada minuciosamente por el Padre Rousselot, profesor de Teología y Vicario General de la diócesis. Este examen fue hecho en la presencia de unos cuarenta peregrinos que se habían reunido en la montaña.

P : Un sacerdote interrumpió la narración de la niña para plantear esta objeción: Tal vez esta *Señora* desapareció en una nube.

R : No había ninguna nube

P : (El sacerdote insiste) Pero es fácil rodearse con una nube y desaparecer.

R : Entonces Señor, rodéese con una nube y desaparezca.

Melania fue nuevamente examinada en el aniversario de la Aparición en 1849.

P : La Santísima Virgen te dijo hacerlo conocer a todo *su pueblo*. ¿A quién se refería por "todo mi pueblo"?

R: Todo el mundo.

P : ¿No crees que los ángeles también son su pueblo?

R : Oh Señor, a los ángeles no les hace falta la conversión.

P : La verdad es que la *Señora* que has visto está en la cárcel en Gap. (Un pueblo a unos cien kilómetros de Grenoble).

R : Solamente Dios podría ponerla en la cárcel, y me gustaría estar en esa cárcel.

P : Bueno, pero las cosas que Ella predijo no han ocurrido. No hay gran hambruna.
R : Señor, Dios es bueno y no como los hombres. No nos castiga de inmediato.

A una objeción parecida, Melania respondió: *"Señor, tienes mucho apuro"*. Y en otra ocasión los niños respondieron: *"¡Ahí, pero si la gente se convierte...!"*

P : Cuéntame Melania. Como es que la Santísima Virgen dijo, ¡seis días les he dado para trabajar y el séptimo guardé para mí misma
R : ¡Ah Señor! Usted es más inteligente que yo; explíquelo usted.

P : ¿En qué pensabas mientras hablaba la Señora?
R : Escuché.

P : Muriendo, ¿dirías las mismas cosas?
R : Sí Señor.

P :¿No tendrías miedo de que Dios te exija rendición de cuentas?
R : Oh no. Porque no agrego nada a ello (refiriéndose al relato de la Aparición)

P : (a Maximino) La gente dice que si la Santísima Virgen hubiera elegido hablar con niños, habría elegido a niños más sabios.
R : Ah bueno, a veces los otros no son más sabios.

En otra entrevista, el Padre Albertín preguntó al niño:

P : ¿No te cansas, pequeño niñito, de repetir todos los días la misma cosa?
R : Y usted Padre ¿se cansa de decir Misa todos los días?

P : ¿Has puesto tu secreto por escrito alguna vez Maximino?
R : No me hace falta señor, ya está escrito.

P : ¡Ah! Está escrito. ¿Y dónde?
R : ¡Aquí señor! (indicando el corazón). No hace falta escribir lo que

ya está escrito.

P : Pero ¿Si olvidas el secreto?
R : Bueno, Dios me puede hacer recordar si lo desea.

P : Pero si no desea, ¿se pierde el secreto?
R : ¿Qué me importa a mí? Dios se lo puede decir a otro si lo desea.

Casa de Pra donde la historia de la Aparición fue contada por primera vez

El Padre Dupanloup cita esta última ocurrencia antes de volver a relatar sus impresiones sobre los dos niños desde el punto de vista de la psicología de niños. *"Dos días antes de que yo hice el viaje a La Salette, uno de mis amigos dijo a Maximino: 'todos debemos obedecer al Papa. Si el Santo Padre te dijera: mi hijo, no debes creer nada de esta historia que estas contando, ¿cómo le responderías al Papa?'. El niño respondió, con voz tranquila y mucho respeto: 'Le diría a él que verá'"*.

"Yo no sé", continúa el Padre Dupanloup en su carta al señor Du Boys, *"si tú juzgarás estas respuestas como yo, pero se puede decir, que ellas llaman mucho la atención. Esa admiración va a aumentar todavía más debido a las últimas observaciones que hice de los niños y que voy a contarte a modo de conclusión"*.

Tercera Prueba De Veracidad :
La Fidelidad De Los Niños Al Secreto

Ya hacía dos años que los niños habían mostrado una fidelidad extraordinaria en mantener los secretos que decían haber recibido de la Bella Señora. Sus padres, sus profesores, sus compañeros, sacerdotes, como así miles de peregrinos, todos habían hecho intentos de adivinar nuevas formas para quitar de los niños alguna sombra de los contenidos de los secretos. Pero todas las trampas de amistad o beneficios, como los dineros ofrecidos, promesas, amenazas: todo eso no valía la pena. Después de dos años no se sabía absolutamente nada con respecto a los secretos.

Padre Dupanloup fue particularmente curioso con respecto a este fenómeno de la psicología de los niños, y aceptó esto como una oportunidad excelente de probar realmente la veracidad de los testigos como así su sinceridad. Quiso darles la prueba definitiva. El llevó consigo a Maximino a la montaña. Ahí alguien dio al niño dos estampitas: una representaba alguna batalla histórica en las calles de París, y en medio de esos combatientes, se podía percibir un sacerdote atendiendo a los heridos. Maximino creía que este sacerdote era Padre Dupanloup y desde ese momento, con la ilusión de venerar a un héroe, se aferró al brazo de Dupanloup y no quiso apartarse de él en todo el día. Uno puede suponer entonces, que este educador astuto quiso aprovecharse de esta muestra de confianza sin límites que Maximino le brindó. Dupanloup repetidamente orientó la conversación al tema de la aparición.

El niño, que hasta ese momento había hablado sin medida, ahí se . frenaba. *El contenido, la manera, el tono de voz, la precisión de lo que decía, inmediatamente se tornaba serio y religioso*, pero rápidamente el niño pasaba a otros temas triviales. Cuando uno creía haber alcanzado la meta, el niño ya se le escapaba.

El Padre Dupanloup tenía consigo una bolsa, con un estilo de cerradura que se abría o cerraba solamente con un resorte secreto, eliminando la necesidad de una llave. El niño estaba muy curioso, y ya que jugaba con todo, no dejó de detectar este detalle. Viendo que su acompañante abría la cerradura sin usar llave, Maximino le preguntó: *"¿cómo hiciste eso?"* Entonces el adulto respondió: *"este es mi secreto"*.

El niño siguió suplicándole que le enseñara, y el Padre Dupanloup vio que esta era una oportunidad de oro.

"Mi niño"—dijo—*"este es mi secreto. Tú no quieres contarme el tuyo, yo no te voy a contar el mío"*.

"¡No es la misma cosa!" dijo el niño.

"¿Y por qué no?"

"Porque se me prohibió contar mi secreto pero nadie te prohibió contar el tuyo".

La respuesta fue decisiva. Pero el Padre Dupanloup no se consideraba vencido todavía, y comenzó a estimular la curiosidad del niño. El Padre constantemente abría y cerraba su misteriosa cerradura por varias horas, y como era suficientemente malvado, dejó al niño colgado por varias horas. Cada vez que el niño volvía a preguntar al sacerdote cómo abrir la bolsa, la respuesta fue: *"yo estoy dispuesto a revelarte mi secreto, pero tienes que contarme el tuyo también"*.

Con eso, el niño se tornaba nuevamente religioso y serio. El Padre Dupanloup le suplicó al niño revelarle alguito con respecto al secreto; por lo menos si era una cosa buena o una desgracia.

"¡No puedo!" fue la única respuesta del niño.

Pero ahora eran buenos amigos, y el sacerdote percibió que Maximino sintió pena de negarse constantemente. Finalmente, el Padre le mostró el secreto de la cerradura. El niño saltó de alegría. Victorioso, abría y cerraba la cerradura una y otra vez.

"¡Ves Maximino!" —se quejó el sacerdote una y otra vez—

"Ya te he mostrado mi secreto, pero tú no me has contado el tuyo".

Maximino se mostró triste ante este reclamo y al sacerdote no le parecía correcto seguir insistiendo. Pero no se dio por vencido. Le dio unas fotos, le compró a Maximino un sombrero de paja y pantalones.

"Ve. Si yo deseaba, podría hacerte a ti y tu papá mucho bien. Podría conseguirles muchas cosas, dejarlos felices y cómodos en casa, sin que les faltara nada".

La tentación fue muy grande. El niño pensó un largo rato frente a esta propuesta, pero finalmente respondió en un tono de voz más bajo:

"No Señor, no puedo".

"Uno debe admitir"—dice el Padre Dupanloup—*"si esta historia de la aparición fuera meramente una fabricación, hubiera sido muy fácil para el niño también inventar y revelar algún* secreto para adquirir los grandes beneficios. Pero su respuesta simple y espontánea siempre fue: *"No puedo".*

Sin embargo, ya que se había lanzado a la batalla, el sacerdote ahora llevó su tentación hasta los últimos límites, tal vez con falta de ética, como él mismo lo admite después.

Por un motivo especial, el sacerdote tenía consigo en el hotel una buena cantidad de dinero en oro. Maximino rondaba por el cuarto del hotel examinando todas las pertenecías del Padre, y averiguando por todas partes, se encontró con este oro. Lo agarró en sus manos, desparramó las monedas sobre la mesa y comenzó a contarlas haciendo y deshaciendo los montones una y otra vez.

Cuando el sacerdote se dio cuenta de que Maximino estaba absorbido totalmente en mirar y tocar estas monedas de oro, sintió que el momento había llegado para poner a prueba final la sinceridad de este con respecto a la aparición y su secreto.

"¡Bueno mi niño!" le dijo como amigo *"si me dijeras cualquier cosa que se puede revelar de tu secreto, te daré todo este oro, para ti y tu papá. Te lo voy a dar aquí y ahora y no hace falta preocuparte por mí, porque tengo más dinero con que continuar mi viaje"*: *"Percibí entonces"*—declara el sacerdote—*"un fenómeno moral muy notable que todavía me impresiona mucho al relatárselo. Este niño estaba completamente cautivo por el oro, deleitaba en verlo, tocarlo, contarlo. De repente se tornó triste. Se retiró en seguida de la mesa y de la tentación y replicó: '¡Señor, no puedo!'* Insistí: *'Hay suficiente dinero aquí para dar mucha felicidad a ti y a tu papá'. De nuevo respondió:*

'¡No puedo!' y de manera tan firme, aunque tan simple, en tal forma y tono que esta vez me sentí verdaderamente vencido".

"Pero para no aparentar que estaba vencido fingí que no estaba contento y dije con desprecio e ironía: 'Tal vez no me estás diciendo tu secreto porque no tienes un secreto para contar. Es solamente un chiste'. Maximino no pareció ofenderse con mis palabras y respondió animado: '¡Oh! Si tengo, pero no se lo puedo contar'. '¿Quién te lo prohibió?' 'La Santísima Virgen' respondió el niño.

"Entonces abandoné esta lucha inútil. Sentí que la dignidad de este niño era mayor que la mía. De manera amistosa y respetuosa, puse mi mano en su cabeza, marqué una cruz en su frente y le dije: 'Adiós mi queridísimo niño. Espero que la Santísima Virgen perdone toda mi persistencia contigo. Que seas fiel toda tu vida a esta gracia que has recibido'".

Después de unos minutos, se separaron y nunca más se volvieron a ver.

Conclusión: ¿Es verdad, error o fraude?

Son estos los tres indicios o pruebas de la veracidad que el Padre Dupanloup observó en los niños. El pregunta "¿Y ahora qué hay que pensar de todo esto? Es verdad, es error o es fraude?"

"Todo lo que hemos visto se puede explicar razonablemente solo por uno de los siguientes cuatro razonamientos":

"1 : *Tal vez* se debe admitir que la Aparición es sobrenatural. Pero si admitimos eso, tiene consecuencias muy graves. Si después se descubre que ha sido un fraude, tanto realizado por los niños o por otros, ¡cuántas personas religiosas van a sentir que se han burlado de ellas!

"2 : *Tal vez* alguien ha engañado a los niños. Tal vez son víctimas de una alucinación. Pero cualquier persona que ha viajado a La Salette y ha examinado todo, no demorará ni un instante en afirmar que esta propuesta es totalmente ridícula e inadmisible".

71

"3 : *Tal vez* los niños mismos han inventado esta fábula, la han inventado solos, defendiéndola por dos años contra toda pregunta, sin contradecirse jamás. De mi parte, no puedo ni por un instante aceptar esto. La fábula en ese caso sería más asombrosa que la verdad".

"4 : *Tal vez* hay alguien que inventó todo esto, alguien que se está escondiendo detrás de los niños. Tal vez los niños se han prestado para hacer el papel que este tramposo ha preparado para ellos. Él les enseña cada día como mantener su historia. Sin ir al fondo de esta pregunta, como el Padre Rousselot ha hecho, yo simplemente respondo que todos los hechos se unen en contra de esta respuesta. A mi parecer, el inventor en este caso tendría que ser muy idiota en elegir a estos dos niños, como agentes y testigos de un fraude tan extraordinario. Sin embargo, tendría que ser súper inteligente en enseñarles como sostener su papel exitosamente por dos años ante doscientos o trescientos mil espectadores, observadores, investigadores y cuestionadores de todo tipo sin que los niños se contradigan en nada, en ningún momento. Nadie ha podido descubrir este impostor. No ha habido ni una sola indiscreción por parte de los niños. No aparece ningún indicio de fraude en estos dos años".

"Sólo queda entonces la primera opción, es decir la verdad sobrenatural de la Aparición. Y esta explicación está confirmada muy fuertemente por lo siguiente:

Primero : la transformación del carácter de los niños cada vez que se toca el tema de la Aparición.

Segundo : sus respuestas, que totalmente superan su edad física y su capacidad intelectual, cuales respuestas han hecho durante distintos interrogatorios.

Tercero : la fidelidad extraordinaria con que han mantenido los secretos que dicen les fueron confiados.

(Cuarta :) Si yo tuviera la obligación de pronunciarme sobre esta aparición y decir sí o no, y si tuviese que ser juzgado con respecto a esto con la sinceridad rigurosa de mi conciencia, yo diría más bien sí que no. La prudencia humana y cristiana me obligaría a hacerlo; yo no tendría miedo de ser condenado en el último juicio por haber actuado imprudente y apresuradamente".

Sin más me despido muy atentamente.

(Padre) Dupanloup.

El Padre Dupanloup, que era el futuro obispo de Orleans, no tenía ninguna obligación de pronunciarse con respecto a la autenticidad de la aparición. La persona que según la ley de la Iglesia tenía ese deber grave y difícil era su excelencia Monseñor Philibert de Bruillard, obispo de Grenoble. Le tocó también fundar la congregación religiosa conocida hoy como los Misioneros de Nuestra Señora de La Salette. A raíz de este doble papel, él es una figura céntrica del relato histórico que desarrollamos en este libro. Ahora haremos un resumen de los puntos claves de esta investigación que culminó con la declaración doctrinal sobre lo ocurrido en La Salette. Era un broche de oro de la vida eclesiástica de este gran hombre. Monseñor de Bruillard quedará inmortalizado en los archivos de la historia de la Iglesia como campeón valiente de la Virgen de los Alpes.

Capítulo 7: La Investigación Canónica

Ya que los rumores de la Aparición comenzaron a desparramarse por toda la diócesis, un número importante del clero consultó a su obispo inmediatamente sobre el camino que debían tomar con respecto a La Salette. Una información oficial sobre La Salette había llegado a Monseñor de Bruillard en forma de carta con la fecha 4 de octubre de 1846. Esta fue enviada al obispado por el Padre Melin, el párroco de la sede parroquial de Corps.

El párroco dio una breve descripción de la Aparición y la reacción que estaba provocando en el pueblo, subrayando el efecto positivo que el relato de los niños estaba teniendo, especialmente con los hombres de la parroquia. El párroco explicó que demoró un poquito en entregar estas informaciones al obispo debido al tiempo que le costó verificar los hechos. Terminó su carta pidiéndole que lo oriente sobre la manera de proceder con respecto a La Salette.

Desde el comienzo, el obispo decidió tomar su tiempo antes de hablar. Sabiamente quiso ponderar todo. Actuar apresuradamente con respecto a un tema tan complicado y grave sería contrario a toda norma de prudencia eclesiástica, y solamente serviría para fortalecer los prejuicios de aquellos enemigos de la religión, prejuicios hasta de los católicos que fueron católicos solamente de nombre. Pero tampoco quiso ofender la fe de gente sencilla y piadosa que desde el comienzo pusieron su fe en el relato de los niños. El deber del obispo entonces era comprobar todo estrictamente antes de declararse con respecto a la autenticidad de este acontecimiento extraordinario.

Por lo tanto, el primer gesto oficial de parte del obispado era de dirigirse al clero por medio de una carta circular. Bajo pena de ser suspendidos de sus facultades sacerdotales les fue prohibido hablar desde el pulpito con respecto a este supuesto milagro. El obispo exigía una reserva extrema.

El Gobierno Interviene

Pronto, las autoridades civiles comenzaron a moverse. La corte de Grenoble pidió informaciones del obispado sobre estos rumores que estaban circulando en la provincia. Más tarde, el Ministro de Justicia en París envió quejas y amenazas al obispado, preguntándole por qué permitió la publicación de algunos folletos que hablaban de la *supuesta visión de La Salette*. Estos folletos estaban difundiéndose, dijo el ministro, y eso desanimaba a los campesinos y viñateros, ya que algunas palabras de la Señora hablaban de trigo y uvas arruinadas.

Rey Louis-Philippe (1773-1850), éltimo Rey de Francia (foto por Lerebours et Claudete)

Se estaba creando un pánico a causa de la profecía de la muerte de los niños. Entonces, además de afectar la paz pública, todo se consideraba perjudicial a los intereses de la población campesina. Finalmente el Ministro de Justicia acusó al obispo de promover la superstición; con cierta crudeza, le pidieron explicar por qué no había ya condenado claramente estos rumores.

El obispo de Grenoble respondió con dignidad y calma. Con cortesía, indicó al Ministro que entendía sus deberes como obispo y que no fue necesario presionarlo ya que había promovido en su diócesis las medidas sabias que la situación exigía. *"El tema es serio, sí—dijo el obispo—pero yo tengo oídos y ojos abiertos a todo lo que se dice y se hace"*.

El gobierno francés siguió mirando atentamente todo este asunto. El tumulto que el acontecimiento ocasionó atrajo hasta la atención del Rey Luis Felipe y sus ministros. Sospecharon que La Salette iba a servir a un fin político, y motivados por eso, el magistrado de Grenoble fue invitado por el procurador del Rey, en París, a investigar el caso. Así fue que el Señor Long, sub-juez de paz en Corps, inició una investigación e interrogó astutamente a los niños que le respondieron con una calma única. El Señor Long preparó su informe y al presentarlo al Procurador del Rey observó que los relatos dados a él por los niños no se diferenciaban en nada del relato que habían hecho la primera noche de la aparición. Tal vez se podía observar de vez en cuando, una variación de las palabras pero el contenido era exactamente el mismo. *"Repiten la historia de la visión—observó el Señor Long —como si estuvieran dando una lección, pero esto no debe sorprendernos, porque han repetido el relato tantas veces frente a tantas personas que ya tienen un cierto hábito de recitar la aparición"*. En fin, no se encontró nada que podía dar motivos de esperar que se fuera a descubrir algún fraude. Sin embargo, años después, el gobierno francés todavía miraba a La Salette y su influencia con mucha sospecha y desagrado, y si hubiera podido descubrir un origen meramente humano a la visión, sin duda lo hubiera hecho con alegría.

Inicio De La Investigación Canónica

Mientras tanto, el obispo de Grenoble comenzó a reunir informaciones con respecto al hecho. Recibió numerosas cartas y reportajes que detallaban todas las circunstancias. Peregrinos de cerca y de lejos pasaban por la ciudad episcopal de Grenoble a poner por escrito las conclusiones que ellos estaban sacando desde sus propias investigaciones. Así entonces, después de tres meses del acontecimiento, el obispo tenía en sus manos una colección voluminosa de documentos sobre La Salette.

Nombró entonces dos comisiones, una compuesta por los canónigos de la catedral y otra compuesta por un grupo de profesores del Seminario Mayor de Grenoble. Les dio la tarea de estudiar y evaluar estos documentos. Al terminar su estudio, cada comisión tenía que elaborar un reportaje propio ya que se mandó a cada grupo que

Abbés Rousselot (izq.) y Orcel

trabaje independientemente del otro. El Padre Rousselot, en el primero de sus tres volúmenes históricos sobre La Salette, nos presenta algo de estos dos informes que llevan la fecha 15 de diciembre de 1846.

Las opiniones y recomendaciones de las dos comisiones fueron esencialmente idénticas. Recomendaron esperar pruebas más claras. No había que apresurarse en un tema grave como éste. Expresaron su convicción de que si esto fue obra de Dios y tenía algo del diseño de la Providencia en ello, Dios no dejaría de aclarar toda duda en buena hora. Decidieron entonces, no a favor ni en contra de La Salette como una manifestación milagrosa. Pero sintieron que no se debían impedir las peregrinaciones, ya que numerosos peregrinos de todas partes estaban visitando la montaña y no había nada de malo en eso; al contrario, estaba produciendo efectos saludables y buenos.

Durante siete meses, el obispado juntó nuevos documentos y entrevistó un buen número de personas serias y competentes, tanto laicos como eclesiásticos, que venían a La Salette atraídos por la fama que ya estaba adquiriendo. Después nombró a dos miembros distinguidos de su clero para encabezar una comisión especial que tenía que investigar las sanaciones milagrosas que ya estaban surgiendo y que la gente declaraba haber recibido, invocando a la Virgen María de los Alpes. Los dos padres fueron: el Padre Rousselot, profesor de Teología y Vicario General de la Diócesis y el Padre Orsel, Superior del Seminario Mayor.

Estos dos padres visitaron nueve diócesis y entrevistaron a personas sanadas, a sus familiares y amigos, como así a los médicos que habían atendido a estas personas. Después de documentar estos favores extraordinarios, pasaron a visitar la montaña de La Salette y se entrevistaron con los dos niños y con un número grande de habitantes de La Salette y de Corps.

Para estudiar el informe de estos dos Padres, el obispo nombró una comisión nueva que realizó ocho encuentros, comenzando el 8 de noviembre de 1847, con el obispo mismo presidiendo la comisión. Los dos niños, Maximino y Melania y todas las personas bien informadas se presentaron a esta comisión y pasaron por interrogaciones muy largas. La última sesión de esta comisión, llevada a cabo el 13 de diciembre, se dedicó a considerar las objeciones al testimonio de los niños. Las soluciones que se propusieron a estas objeciones fueron aceptadas por la mayoría de esta comisión.

Al terminar esta investigación jurídica, Monseñor de Bruillard agradeció a todos los participantes por su perseverancia en estar presentes en todas las sesiones. El guardó para sí mismo el derecho de pronunciarse sobre La Salette en alguna fecha futura. Desde el punto de vista del Derecho Canónico, el obispo no había tenido la obligación de convocar esta asamblea, y tampoco le hacía falta una mayoría tan fuerte para expresar un juicio sabio y prudente en el caso. Pero él había insistido en este procedimiento para iluminar al máximo toda la cuestión de La Salette.

Mientras tanto, autorizó la publicación por Monseñor Rousselot de los resultados de la investigación canónica, que fueron publicados con el título: *"La verdad sobre lo ocurrido en La Salette"*. Cuando apareció en 1848, esta publicación llegó a tener mucha difusión y fue alabado como un modelo de procedimiento jurídico. Al ser traducido a otras lenguas convenció a muchas otras personas distinguidas en toda Europa.

La publicación también hizo surgir nuevas objeciones que sirvieron como punto de partida para nuevas investigaciones. Esta publicación pareció bien a numerosos obispos y se presentó una copia del libro al Papa Pío IX, quién envió una carta al autor del libro, alentándolo en su trabajo.

Aunque fue autorizado por el obispo, este reportaje suscitó en muchas partes una controversia tremenda. Varios diarios seculares en Francia cayeron sobre esta publicación como buitres. Pequeños panfletos aparecieron argumentando unos a favor, otros en contra. Pero los que escribieron en contra, incluidos dos sacerdotes de la diócesis de Grenoble, no podían contradecir los hechos fundamentales del caso. No había ninguna autoridad que se alineaba con los que estaban del lado opuesto a La Salette.

Vale decir que estas publicaciones en contra no mostraron ningún signo de gran piedad en sus autores; porque su tendencia era claramente racionalista y sus quejas eran no tanto contra La Salette, sino más bien cuestionando la posibilidad de milagros en general. Además, estas publicaciones expresaron sus argumentos en una forma ofensiva, y una y otra vez mostraron una falta de respeto al Obispo de Grenoble. Entonces, lejos de debilitar la causa de la aparición sirvieron sólo para fortalecerla en la mente de tanta gente de gran fe y piedad.

Esta controversia lamentable y amarga tuvo por lo menos el buen efecto de producir un volumen histórico excelente, escrito por el mismo Monseñor Rousselot. Su título era "Nuevos Documentos con respecto a La Salette". Fue plenamente autorizado por el obispo, como el volumen anterior. Entre los documentos que contenía, hubo una segunda lista impresionante de nuevos milagros atribuidos a la invocación de Nuestra Señora de La Salette y el uso del agua de la fuente, que ahora era muy famosa. Al comienzo de 1851, lo que ahora llamamos "el problema de Ars" provocó una nueva controversia. Los opositores de La Salette aprovecharon esto de tal manera, que lograron demorar por un año la publicación de la opinión doctrinal del obispo. Sin embargo, esta controversia terminó de manera muy diferente a lo que esperaban los enemigos de La Salette.

LA VÉRITÉ

sur

L'ÉVÉNEMENT DE LA SALETTE

Du 19 Septembre 1846,

OU

RAPPORT A Mgr L'ÉVÊQUE DE GRENOBLE

sur

L'APPARITION DE LA SAINTE VIERGE

à deux petits bergers,

SUR LA MONTAGNE DE LA SALETTE, CANTON DE CORPS (ISÈRE),

Par l'Abbé Rousselot,

Chanoine, professeur au Séminaire diocésain de Grenoble,
vicaire général honoraire du diocèse.

*Opera Dei revelare et confiteri
honorificum est.* Tob. XII. 17.

Il y a de l'honneur à découvrir
et à publier les œuvres de Dieu.

— ◦◦ —

Avec l'approbation de Mgr l'Evêque de Grenoble.

— ◦◦ —

SE TROUVE :

AU GRAND SÉMINAIRE DE GRENOBLE, CHEZ L'AUTEUR

A l'OEuvre de Saint-Joseph, rue Neuve-des-Capucins,

et

Chez Aug. CARUS, libraire
du clergé,
place Notre-Dame, 3.

Chez BARATIER FRÈRES ET FILS,
imprimeurs-libraires de l'Evêché,
Grand'rue, 4.

1848.

Frente del original "La verdad sobre el evento de La Salette"
por Abbé Rousselot

Capitulo 8: El Santo De Ars Y La Salette

Retrato del Cura de Ars,
St. John Mary Vianney

(Nunca se ha levantado ninguna objeción que valga la pena mencionar contra la veracidad de los niños excepto una: el caso de Ars. Se trata solamente de uno de los testigos y él origen es una entrevista que Maximino tuvo con el santo párroco de Ars. Los hechos demuestran que hubo un malentendido en dicha entrevista. Normalmente un simple malentendido no causa tanto trastorno, pero este, sí, causó mucho para La Salette. No hubiera llamado tanto la atención si no fuera por la fama que rodeaba a aquel sacerdote. Había mucha veneración hacia la persona y las palabras de este santo párroco que ahora veneramos como San Juan Vianney.

El santo de Ars, como escribe su biógrafo, Padre Monnin, fue uno de los primeros en creer en la Aparición y en alegrarse con la esperanza que la aparición daba al mundo. Hay una carta que el Padre Vianney dirigió al obispo de Grenoble *en que expresa su confianza en Nuestra Señora de La Salette, diciendo que ha bendecido y repartido privadamente un gran número de medallas y estampillas representando la aparición.*

Ciertos partidarios a favor del Barón de Richemont, ese que pretendía ser el Rey Luis XVII de Francia, se convencieron de que los secretos dados a Maximino y Melania trataban del mismo Barón de Richemont. Tres de estos señores se propusieron aprovecharse de Maximino, que ahora era alumno del seminario menor, cerca de Grenoble. Le trajeron a Lyon y con sus amigos políticos hicieron todo lo posible de sacar el secreto a Maximino para así conectarlo con su causa política. Por supuesto no lograron nada. Ellos razonaban: su causa política recibiría un empuje grande si Maximino revelara públicamente como parte de su famoso secreto que el Barón de Richemont era realmente el único verdadero Luis XVII y por lo tanto, tenía todo el derecho al trono francés. Durante el tiempo que Maximino pasó con estos tres desconocidos, lo llevaron a ver al santo párroco de Ars con la pretensión de que él podría ayudar a Maximino en su vocación.

En ese momento, el ayudante del Padre Vianney de Ars era el Padre Raimundo, un opositor violento y declarado de la aparición. El Padre Raimundo no sólo recibió a Maximino fríamente sino que también le lanzó un discurso largo, amargo y abusivo contra La Salette. Habló mal del párroco de Corps, y de los dos testigos, repetidamente llamándolos "impostores y mentirosos". Dijo que Maximino había engañado a otros, pero no podía engañar al santo párroco de Ars que sabía leer los secretos más íntimos del corazón.

Molestado por este reto largo y no esperado, Maximino finalmente exclamó con rabia (como había hecho en otras ocasiones parecidas), *"¡bueno entonces! Que sea que yo soy un mentiroso y no he visto nada"*. Luego se retiró indignado de la presencia del Padre Raimundo. Inmediatamente el ayudante avisó al santo párroco de Ars lo que Maximino le había dicho y divulgó el chisme en el pueblo que el pastorcito de La Salette se había retractado de lo que había mantenido firmemente hacía ya cuatro años.

Al día siguiente, Maximino tuvo dos entrevistas con el santo de Ars, uno en la Sacristía y otro detrás del altar. Después de estas entrevistas, el Santo Vianney se negó por bastante tiempo a autografiar, bendecir o repartir estampitas o medallas de Nuestra Señora de La Salette.

El Padre Raimundo inmediatamente preparó un largo informe de esta supuesta retracción de Maximino y lo envió a su obispo en la ciudad de Belley. Envió otras copias al Cardenal arzobispo de Lyon y a otros dos o tres obispos que él sabía estaban en desacuerdo con La Salette.

Pronto la noticia se difundió por todas partes causando asombro doloroso a los que creían en La Salette, mientras que a los adversarios los alegró y estos aprovecharon todas las maneras posibles para atacar la Aparición. ¿Pero precisamente que dijo Maximino al santo de Ars? ¿Qué habrá dicho para que el santo cambiara de idea con respecto a la Aparición o por lo menos le puso en serias dudas? Según los historiadores de La Salette, hay dos posibles explicaciones de lo que pasó:

1. Los primeros libros serios sobre La Salette, escritos por Rousse-lot y Ullathorne, dicen que es posible que el santo de Ars probablemente no entendiera al pequeño pastor. Es posible que Santo Vianney dijo a Maximino: *"¡Ah! Mi amigo ¡eres tú que has visto a la Santísima Virgen!* Es también posible que el niño respondió *"¡Nunca dije que vi a la Santísima Virgen, sino que vi a una Bella Señora!"* De hecho, esta era la expresión que los niños habitualmente empleaban cuando hablaban de la aparición, y nadie jamás entendió mal el sentido de estas palabras.

Sin embargo, si esta explicación es correcta, es el santo de Ars el que mal entendió lo que significaban estas palabras, creyendo que Maximino estaba así admitiendo que era un fraude. Tal vez lo retó: *"Mi niño, si has mentido debes retractarte"*. El niño, pensando en sus mentiras de niño, respondió: "Mis mentiritas no son tan graves y además ya es tarde". El santo de Ars se convenció de que Maximino se había retractado. Esta es la primera hipótesis.

2. Los historiadores de La Salette más modernos como Carlier, Bernoville y Jaouen prefieren una segunda explicación: dicen que el niño intentó hacerle una trampa al santo de Ars. Maximino había sido tratado mal por el ayudante y tal vez intentó vengarse. El Padre Raimundo desafió a Maximino a mentir al santo de Ars porque él podía en todo tiempo leer los pensamientos interiores de la gente. Tal vez el niño aceptó el desafío. En presencia del santo hombre, pretendió no haber visto nada en la montaña. El santo cayó en la trampa y creyó en la palabra del niño. Así Maximino sintió que había ganado el desafío que le había hecho el Padre Raimundo. Contento se retiró de Ars con las tres personas apro-vechadoras y regresó a Lyon.

Antes de relatar la conclusión de este "Lío de Ars" vamos a detenernos brevemente en algunas palabras de Maximino expresados durante una entrevista que tuvo con la señorita Des Brulais. Es el relato de su escape de los tres pretendidos "amigos" que lo habían intentado aprovechar.

Dice Maximino: *"Regresé a Lyon con estos hombres y me llevaron a comer al Hotel du Pare. Se sentaron a la mesa y no podían ponerse de acuerdo. Cada uno me tiraba por su lado. De repente, el mozo abrió la puerta de esa sala y ahí vi que el Padre Bez estaba entrando. El ha venido varias veces a La Salette y le tengo mucho cariño. Tan pronto que vi al Padre Bez, corrí llorando a sus brazos. El se conmovió al verme; le agarré y no le solté. Los tres hombres quedaron boca abierta. Después, el obispo de Grenoble me mandó a que regresara al seminario menor y escribí una carta al párroco de Ars para asegurarle que nunca me había retractado, porque es la verdad".*

De regreso a Grenoble, examinaron a Maximino en la presencia del obispo y en la presencia de una comisión de sacerdotes y laicos. Intentaron y exhortaron de todas maneras para hacerle admitir que se había retractado, ya que ese era el rumor corriendo entre la gente. Pero el niño permaneció firme y valiente. Dijo que nunca juraría nada más de lo que había jurado siempre, que iba a decir aún en el momento de su muerte que había visto a una Bella Señora, que ella les habló a él y a Melania y que luego desapareció.

Firmemente sostuvo que no había dado ninguna otra información en Ars. Admitió que no comprendió las preguntas del párroco, y había dicho "sí" y "no" al azar a sus preguntas. Para atraparlo, el canónigo Henri lo llevó aparte y lo felicitó por su apertura en admitir su mentira. *"¡Pero Señor!* —dijo Maximino— *¡nunca me he retractado!* Después Maximino sufrió una y otra interrogación en la residencia Episcopal, pero jamás lograron otro resultado que éste. Además declaró al Padre Auvergne, secretario del obispo: *"Si el obispo ahora me considera indigno de sus favores (a causa de ir a Ars), tal vez me va a echar del Seminario Menor de Rondeau, pero sea cual sea mi suerte, no voy a ser menos fiel a la aparición".*

Sin embargo, los temores del obispo permanecieron. En un asunto tan serio como este de Ars, Monseñor quiso estar totalmente seguro que Maximino no se había retractado. Tal vez Melania podía ayudar a aclarar las cosas. El Padre Gerin fue al convento de Co-renc, donde Melania era una interna, para interrogarla. Tomando un aire de convencimiento y cierto desprecio le dijo a Melania: "*¡Bueno! Hace cuatro años que nos vas engañando. Maximino acaba de decir al párroco de Ars que tú y él no han visto nada en la montaña*".

"*Ah, ¡ese tonto!* —exclamó Melania con un dolor evidente. *En cuanto a mí, siempre diré que vi algo*".

"*¿Y qué quieres decir con eso de 'algo'?*"

"*Digo que vi a una Bella Señora que se nos apareció, nos habló y después desapareció en una nube de luz*". Su expresión concordaba exactamente con la expresión de Maximino. Ella había visto a una Bella Señora y nunca afirmó que era la Santísima Virgen. Ese último punto fue esclarecido solamente por los milagros que ocurrieron después de la Aparición.

Luego, Monseñor de Bruillard envió a los Padres Rousselot y Melin a Ars como portadores de una carta de Maximino autorizando al santo párroco a hablar con total libertad de lo que los dos habían hablado en privado. Maximino escribió: "*puedes decir lo que quieras de nuestra conversación. Si es verdad que me acusas de retractarme sobre la aparición, no me comprendiste*".

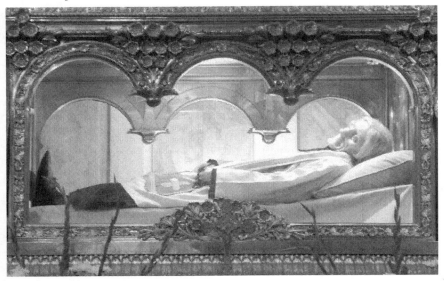

Cuerpo de St, John Vianney, el Cura de Ars, Basílica de Ars, Francia

El santo de Ars admitió que posiblemente se había equivocado, porque la respuesta de Maximino no era tan clara. Unos días después el santo de Ars escribió al obispo de Grenoble. Mencionó que había hecho mucho por La Salette y declaró: "El pequeño pastor me dijo que no había visto a la Santísima Virgen, y eso me angustió unos días. Pero en fin, Señor Obispo, la herida no es tan seria y si La Salette es realmente obra de Dios, el hombre no la destruirá". Sin embargo las dudas del obispo no estaban completamente resueltas y quiso declaraciones más explícitas del Santo Vianney.

El obispo entonces pidió a un tal Señor Dausse, un laico distinguido y miembro de la Comisión Episcopal sobre La Salette, de escribir nuevamente al santo de Ars: *Los pastores nunca dijeron que habían visto a la Santísima Virgen*, explicó el Señor Dausse, *solamente dijeron haber visto a una Bella Señora que les habló y desapareció en el aire*. Era la intención del Señor Dausse llevarlo a Maximino por segunda vez a Ars, pero nunca recibió una respuesta a su carta.

Sin dudas, el santo párroco no tenía muchas ganas de proceder en este asunto y probablemente no se daba cuenta de la impaciencia con que muchos fieles esperaban su opinión. Al ver que pasaba el tiempo y no había ninguna respuesta, Monseñor de Bruillard recurrió al Obispo de Belley, Monseñor Devie, que era Superior Eclesiástico del santo párroco. El obispo de Belley tenía en ese momento en su residencia episcopal a otros dos obispos.

Uno de ellos era Monseñor Joseph Guibert, O.M.I. (1802-1886), que después llegó a ser Cardenal arzobispo de París. El obispo Alexandre-Raymond Devie (1767-1852), llamó a su residencia, al Padre Raimundo que parecía más áspero en persona que en su pequeña publicación. El obispo retó al Padre Raimundo por su falta de sinceridad y por las imprecisiones en las acusaciones que él había levantado contra Maximino. Monseñor Devie entonces mostró a los dos obispos que estaban de visita las cartas recibidas de Monseñor de Bruillard. Después de consultar con estos dos obispos, el obispo de Belley escribió a su colega en Grenoble la siguiente carta:

"Belley, 15 de enero de 1851

"Muy reverendo obispo de Bruillard:

"Antes de responder a la carta que muy gentilmente me enviaste, he querido hacer investigaciones con respecto a lo que pasó en Ars. Tuve una entrevista bastante larga con el Padre Raimundo, que es el ayudante y que habló con el niño sobre La Salette. Los obispos de Valence y Viviers estaban conmigo para la consagración de Monseñor Challandon. Les mostré los documentos que me enviaste y he aquí el resultado de nuestra reflexión:

"1. Estamos convencidos de que los niños no se han complotado entre sí para engañar al público y que realmente vieron a una persona que les habló.

"2. ¿Fue la Santísima Virgen? Todo apunta a esto pero no se puede comprobar sino por milagros distintos de la aparición misma, y le toca a usted, Excelencia, examinar y pronunciar, etc."

Con esta respuesta, el obispo de Belley dio la palabra decisiva y final a este asunto de Ars. De hecho, unos días después comentó a un Padre Marista: *"lo de Ars es solamente una prueba, una tormenta levantada por el diablo. La Salette va a salir de este remolino más brillante que nunca".*

Tal vez la cuestión de Ars fue un mal entendido de parte del Padre Vianney o una trampa hecha por Maximino, pero una cosa era clara: la entrevista con Maximino dejó confundido al santo varón.

"Quería creer en la Aparición"—dice el biógrafo más importante de Santo Vianney, el Padre Alfred Monnin (1823-1886). *Su disposición de carácter le impulsaba a hacerlo. Y después de la declaración de Monseñor de Bruillard de Grenoble, quiso creer también por respetar la autoridad del obispo. Pero en la simplicidad de su naturaleza no podía convencerse de que no había escuchado lo que Maximino le había dicho. Luchaba sin éxito contra las dudas dolorosas que las palabras de Maximino le habían causado".*

"De ahí entonces se explican las respuestas inconsecuentes entre sí que el santo de Ars dio a varias personas que le preguntaron sobre el asunto. A veces, cuando le exigían su opinión, él se negaba a responder. Otras veces, apoyándose en las declaraciones del obispo de Grenoble, respondía diciendo "uno puede creer en la Aparición".

Algunas veces hasta alentó la peregrinación a La Salette. Esta cruz duró ocho años. Solo en 1858, un año antes de su muerte, las dudas del santo por fin terminaron, y una vez más recuperó la paz en su alma. El 12 de octubre de ese año, declaró al Padre Gerin, de Grenoble:

"Gracias por haber venido a verme, tengo tanto para decirle con respecto a Nuestra Señora de La Salette. No puedo explicarle la lucha interior, el tormento de mi alma en estos tiempos. He sufrido más de lo que puedo contar. Para darte una idea de estas cruces, imagina un hombre en el desierto, en un remolino de viento y tierra sin saber a dónde ir. Finalmente, en medio de esta inquietud y dolor grité en voz alta: ¡Creo! E instantáneamente recuperé la paz de mi mente, esa calma que había perdido por completo. Ahora me resultaría imposible no creer en La Salette. He pedido signos para poder creer en La Salette y los he recibido, ¡uno puede y debe creer en La Salette!"

Hay un testimonio más del santo de Ars cerca del fin de su vida. Monseñor Peirre-Henri Gérault de Langalerie (1810-1886), que era por entonces obispo de Belley, testimonió:

"Yo fui su obispo y su amigo. Murió en mis brazos declarándome su fe en La Salette. El me escucha desde su lugar en el cielo mientras les cuento esto y yo sé que él no contradice lo que yo he dicho".

Entonces concluimos citando al Archobispo William Bernard Ullathome (1806-1889) de Birminghan, Inglaterra:

"Esta es la única objeción importante contra la evidencia de la Aparición. Por las formas exageradas en que fue difundida, causó dudas en los creyentes por un tiempo. Desanimaba a otros en sus investigaciones. Pero como el obispo de Belley había previsto, 'el hecho de La Salette salió de esta prueba más brillante que nunca'. Debido a esta circunstancia fue necesario enviar los secretos a Roma. Después de la llegada de los secretos a Roma, fue el apoyo que vino de ahí el que impulsó al obispo de Grenoble a finalmente dar su decisión jurídica y a establecer el santuario en la montaña. Las palabras dichas por Maximino después de su regreso de Ars a Grenoble fueron como una profecía:

"Ahora están burlándose de La Salette, pero es como una flor que en invierno cubren con tierra y abono y que en verano brota de la tierra más bella que nunca".

Arzobispo William Ullathorne (1806-1889)
de Birmingham, Inglaterra

Capítulo 9: El Envío De Los Secretos A Roma

Maximino y Melania en 1847

Por cinco años después de la Aparición, los pastorcitos habían guardado sus secretos heroicamente, invencibles ante todo intento de quitárselos. Muchas personas se habían esforzado en extraer estas revelaciones especiales de ellos. Intentaron de todo pero fue en vano. El Padre Félix-Antoine-Philibert Dupanloup (1802-1878) mismo, como ya se ha dicho, aunque era un maestro en el campo de la psicología de niños, después de dos días enteros, empleando todos los recursos de su brillante mente, tuvo que abandonar y reconocer que estaba vencido.

Sin embargo, hacia fines de marzo de 1851, el obispo de Grenoble escuchó por medio del cardenal arzobispo de Lyon que su santidad, el Papa Pío IX, había mostrado un deseo de conocer los secretos. El obispo entonces mandó a su secretario, el Padre Au-vergne junto al Padre Rousselot para que instruyan a los niños con respecto a su obligación en el posible caso que el Papa les ordene confiarle sus secretos.

El Padre Auvergne fue primero al seminario menor en Rondeau, cerca de Grenoble, para instruir y cuestionar a Maximino:

"¡Maximino! Vengo para hablar contigo sobre un tema muy importante. ¿Tú crees que la Iglesia tiene el derecho de examinar y juzgar todos los asuntos religiosos como por ejemplo ese de la aparición?"

Maximino respondió: *"¡Sí Señor!"*

"Y para poder juzgar ese asunto, no tiene la Iglesia derecho de averiguar con respecto a las circunstancias que rodean estas cosas?"

"¡Sin duda!"

"¿La Iglesia puede equivocarse?"

"¡No Señor!"

"Entonces, ¿si su Santidad pidiera tu secreto... se lo darías?"

Maximino quedó silencioso por un momento; no había pensado en la posible intervención del Santo Padre. Finalmente respondió:

"¡Todavía no estoy en la presencia de Su Santidad! Cuando esté ahí veré. Depende de lo que él me dice y de lo que le digo".

"¡Ah! Pero si él te ordena revelarle tu secreto... ¿Negarías obedecerle?"

"¡Si me ordena, obedeceré!" —respondió Maximino.

"Bueno. Estoy contento contigo" respondió el Padre levantándose para salir. *"Ahora voy a ir a Corenc para hablar con Melania y ver si ella está dispuesta a seguir tu ejemplo".*

Del pequeño seminario, el Padre Auvergne dirigió sus pasos a la casa de las Hermanas de la Providencia en Corenc, donde Melania ahora era postulante. El iba muy satisfecho de su logro con Maximino.

Cuando llegó, Melania le miraba con sospecha desde el comienzo. Ella tenía miedo de algún engaño, ya que había sufrido tantas trampas hasta ahora. Un día, por ejemplo, un sacerdote creía que él había extraído de ella por sorpresa una palabra de su secreto y ella no podía comer ni dormir hasta ver de nuevo a ese sacerdote y decirle *"¡No nos hemos entendido!"* El sacerdote concordó, *"Como tú, creo que no nos entendimos. Ya no vamos a pensar más en eso".* Solamente entonces Melania recuperó su paz interior.

Y después de eso, se puso cada vez más sospechosa, especialmente cuando se hablaba de un tema muy espinoso.

"Melania, si el Papa te pide tu secreto ¿Le dirías, no es cierto?"

Tímidamente, mirando para abajo, respondió: *"No sé, Señor".*

"¿Qué no sabes? ¿Puede ser que el Papa se equivoque entonces al pedirte lo que no debe pedirte?"

"¡La Santísima Virgen me prohibió contarlo!"

"¿Cómo sabes que es la Santísima Virgen? ¡Solamente la Iglesia puede decir eso!"

"Si no fuera la Santísima Virgen no hubiera desaparecido en el aire".

"¡El diablo puede hacer eso! Y tal vez cosas naturales pueden producir ese efecto. La Iglesia, solamente la Iglesia, puede distinguir entre la verdad y el error en tales cosas".

"¡Bueno entonces! ¡Que quede claro que no fue la Santísima Virgen!"

"Pero antes de declarar semejante juicio"—dijo el Padre Auvergne—*"la Iglesia necesita saber tu secreto. ¿Lo vas a decir entonces, Melania, si el Papa te ordena decírselo? ¿No es cierto?"*

"Lo diré solamente a él".

Durante el resto de la entrevista, el sacerdote intentó, pero en vano, convencer a Melania de revelar su secreto a algún obispo o arzobispo o príncipe de la Iglesia, que después transmitiría el mensaje al Santo Padre. Ella lo negó rotundamente. De allí su única respuesta fue *"¡No sé!"*, respuesta que repitió unas veinte veces durante la entrevista.

Sonó la campana para Vísperas y el sacerdote le dijo severamente: *"¡Con tales disposiciones te preparas para la fiesta de la Anunciación! ¡Vaya, y piénsalo bien!"*

Melania salió de la sala sumergida en tristeza y lloró durante todas las Vísperas. Después fue llamada de vuelta a la sala para otra entrevista.

"¿Has pensado Melania? dijo el secretario del Obispo. *¿Has decidido decir tu secreto al Papa si te lo ordena?"*

Ella respondió: *"¡No sé, Señor!"*

"¡Cómo! ¿Desobedecerías al Santo Padre?"

"Si el Papa me pide mi secreto, es porque alguien le dijo que me lo pidiera".

"¡Debes consultar a tu director espiritual, Melania, y cuando el Padre

Abbé Rousselot

Rousselot venga aquí el día miércoles le vas a decir ¡Sí!, ese 'si' que a mí me has negado!"

"Repetiré al Padre Rousselot todo lo que tú acabas de escuchar".

Melania salió de esta entrevista muy confundida en su conciencia.

Unos días después, llegó el Padre Rousselot al convento. La superiora le informó:

"Desde la entrevista con el Padre Auvergne Melania ha estado muy triste. Durante la noche, su compañera de cuarto la escucha repetir una y otra vez con terror en su voz mientras soñaba:

"¡Piden mi secreto! ¡Debo decir mi secreto al Papa o me van a excomulgar de la Iglesia! ¡Ay! ¡Separada de la Iglesia!" Esta fue una conclusión de Melania, porque el Padre Auvergne no le había dicho nada de excomunión.

"Madre, ¿estás contenta con Melania?" preguntó el Padre Rousselot.

"¡Sí!—respondió la superiora—*estamos muy contentas con ella. Ella inspira a sus compañeras y a la comunidad toda. Ella tiene muchas ganas de tomar el hábito como novicia, su deseo es de ir a las misiones extranjeras para dedicarse a la instrucción de niñitas paganas".*

Llamaron a la joven y ella quedó sola en la sala con el delegado del obispo. Con ternura y tacto, él le explicó a ella los derechos y privilegios de la Cabeza de la Iglesia.

"Desde el domingo, hija mía, estas inquieta—comenzó el Padre—*te estás preguntando si al revelar tu secreto al Papa estarías desobedeciendo a la Santísima Virgen que te prohibió contarlo"."Bueno, te voy a iluminar con respecto a ese punto. No puedes desagradar a la Madre de Dios cuando*

obedeces a la Iglesia que tiene el derecho de juzgar todas las apariciones y revelaciones. Así actuaron los santos. Es Jesucristo quién estableció al Papa como su Vicario en la tierra, y la Santísima Virgen sabe esto muy bien. Entonces Ella nunca está disconforme cuando la gente obedece al representante de su Hijo en la tierra; al contrario, le desagradaría si la gente desobedeciera al Papa. Por lo tanto Melania, si el Santo Padre te ordena decirle su secreto, ¿Lo harás, no es cierto?"

Ahora ella entendió y sin demorar respondió:

"¡Sí señor!"

"¿Lo vas a decir libremente?"

"¡Sí señor!"

"¿Y sin miedo de ofender a la Santísima Virgen?"

"¡Sí señor!"

"Entonces, si el Papa te pidiera decir tu secreto a otra persona que El delega para que esa persona reciba el secreto y se lo traiga, ¿Dirías tu secreto a esa persona?"

"¡No señor! Solamente al Papa se lo diré y cuando me lo ordene".

"¿Y si el Santo Padre te ordena revelarle tu secreto a él personalmente, cómo lo vas a hacer?"

"Se lo voy a decir a él yo misma o se lo voy a escribir en una carta sellada". Pero ella deseaba que la carta solamente fuera entregada a Monseñor de Bruillard o al Padre Rousselot, no al capellán del convento ni al Cardenal Louis Jacques Maurice de Bonald (1787-1870), "porque—decía ella—en Lyon no creen mucho en La Salette; y no quiero que abran mi carta".

"Cuando el Papa conozca tu secreto, ¿vas a que-

Cardenal Jacques
Maurice de Bonald
(1787-1870)

94

dar resentida si él lo publica?"

"No, eso se trata de él, es cosa de él".

Ahora que no estaba tan afligida, Melania miró con sonrisa al Padre Rousselot y agregó:

"¿Pero si el secreto tratara de él mismo?", refiriéndose al Papa.

"En ese caso—respondió el Padre—el Papa lo dirá o no, como él lo desee".

El Padre Rousselot había conseguido lo que buscaba. Al despedirse le dijo amablemente:

"Adiós mi hija, se buenita, ama a la Santísima Virgen y ten siempre gran devoción hacia ella".

Al día siguiente, el sacerdote fue al Seminario Menor en Rondeau y de nuevo se entrevistó con Maximino que confirmó todo lo que había dicho anteriormente al Padre Auvergne. Antes de salir, preguntó a los superiores si estaban contentos con su nuevo seminarista. *"¡Oh, sí! Estamos muy satisfechos con él"*—

respondió el rector. Solamente tiene dificultad en sus estudios porque nunca aprendió las cosas básicas; pero va a seguir adelante, tiene memoria e inteligencia. En cuanto a su conducta, es un poco irresponsable y a veces imprudente, pero creo que tiene un buen fundamento de fe que el muestra principalmente en la Iglesia y cuando participa de los Sacramentos."

Los Niños Escriben Sus Secretos

La "tormenta" que vino en contra de La Salette como resultado del asunto de Ars, finalmente tuvo la consecuencia de que el Papa pidió a los niños de revelarle sus secretos. La demanda formal fue primeramente indicada por medio del Cardenal Bonald, arzobispo de Lyon. Grenoble era una diócesis dentro de esa arquidiócesis. Al ver que los niños estaban firmes en no entregar sus secretos abiertamente como el Cardenal pidió que lo hicieran, y al ver que estaban decididos a dar sus secretos solamente al Papa y a nadie más, el obispo de Grenoble nombró ciertos testigos, sacerdotes y laicos, para que estén presentes mientras Maximino y Melania escribían sus secretos.

Así entonces el señor Dausse, un laico conocido y devoto de Grenoble que tenía la confianza completa del obispo, fue enviado el 2 de julio al seminario, para traer a Maximino a la residencia Episcopal. En el camino, el niño conversaba libremente y el señor Dausse advirtió al niño de reflexionar sobre lo que dentro de muy poco iba a estar escribiendo para no olvidarse de nada. *"Ah, no se preocupe"* respondió, *"me acuerdo perfectamente de todo lo que me fue dicho; cuando lleguemos vas a ver con que rapidez escribo todo sin buscar palabras"*.

Al llegar a la residencia del obispo, Maximino fue conducido a una sala muy grande en el segundo piso que daba a la Plaza Notre Dame y lo condujeron a un escritorio, donde había pluma, tinta y papel. El Canon de Taxis y el señor Dausse, los dos testigos nombrados por el obispo, estaban de pie a cierta distancia. El obispo se retiró a su despacho, pidiendo que lo llamasen cuando el secreto estuviera escrito. Maximino pensó unos minutos con su cabeza entre las manos. Entonces, poniendo la pluma en la tinta lo sacudió dejando tinta en el suelo. El señor Dausse le advirtió de tener más cuidado. Maximino miró indiferente al piso y después escribió un preámbulo al secreto con estas palabras:

"Santo Padre:

El día 19 de septiembre de 1846 vi a una Señora brillante como el sol. Creo que fue la Santísima Virgen, pero nunca dije que fue ella. Le toca a la Iglesia juzgar eso, si es realmente la Santísima Virgen u otra persona. La Iglesia juzgará por aquello que estoy por escribir. Ella me confió en el medio del discurso, después de las palabras: "'Las uvas se pudrirán y las nueces estarán carcomidas'".

Maximino mostró este texto al Señor Dausse que lo aprobó. El niño volvió a su escritorio. El había dedicado cierto tiempo para pensar en su preámbulo; pero en cuanto al secreto su pluma hizo carrera por el papel y rápido terminó. El texto de su secreto no era largo.

Una vez más el volvió a ser el niño de siempre. Tirando el papel por el aire exclamó con alegría: *"¡Ah! ¡Ahora estoy completamente libre!*

¡Ya no tengo un secreto, soy igual a la otra gente! ¡Ya no necesitan venir y preguntarme nada! ¡Pueden ir y cuestionar al Papa. Él lo dirá si le parece!" En un instante, el estaba en la ventana mirando a la plaza. El Señor Dausse, viendo que la hoja recién escrita estaba manchada con tinta, insistió que el niño lo escriba de nuevo. Un poco renegando, el niño lo escribió.

Ese mismo día, 2 de julio de 1851, el Canon de Taxis y el Señor Dausse fueron al convento de Corenc para que Melania escribiera su secreto; pero ella se negó una vez más. Comenzó a llorar y no obstante la insistencia de los dos testigos, como así la de su superiora y el capellán, se negó. Sin embargo, el día después en presencia de los delegados del obispo, finalmente puso por escrito la comunicación que había recibido confidencialmente de parte de Nuestra Señora, ese mismo secreto que había guardado por tanto tiempo solamente en su corazón. Ella escribió tranquila y lentamente, sin pausa. El texto de su secreto era mucho más largo que el de Maximino. Cubrió tres páginas escritas con letra muy encimadas. Sin repasarlo ni leerlo, lo colocó en el sobre que ella misma selló y dirigió a *su Santidad el Papa Pío IX en Roma*.

Se suponía que ella por fin estaría conforme y se sentiría libre, pero no fue así. Poco después de la salida de los delegados del obispo, volvió a ponerse tensa y perturbada. Ella declaró que quería ir a ver inmediatamente al Padre Rousselot, en Grenoble, insistió tanto que le dieron permiso. En el palacio del obispo, explicó al Vicario General que había olvidado algo de su secreto: se trataba de dos acontecimientos diferentes que tenían que ocurrir en dos fechas distintas, mientras que ella había mencionado solamente uno. El Padre Rousselot la calmó, asegurándole que tendría otra oportunidad de escribir su secreto una segunda vez y hacer las correcciones necesarias.

Esto se hizo el día siguiente, el 4 de julio, en la presencia del Padre Rousselot y de Taxis y de la superiora, que la había acompañado a la ciudad. Mientras escribía, se detuvo y preguntó: "*¿Qué significa infalibilidad?*" "*Eso depende de que otras palabras acompañan eso*", dijo indiscretamente la superiora. Pero Melania ya tenía la respuesta: "*¿Ocurrirá infalibilidad?*" preguntó sin conceder nada más a la superiora. Un poco más tarde Melania preguntó cómo escribir *"Souilles"*, que quiere decir *"ciudades contaminadas"* y preguntó también cómo escribir *"Anticristo"*. Finalmente una vez más selló su secreto en el sobre.

Monseñor de Bruillard delegó a su Vicario General, el Padre Rousselot y al párroco de la Catedral, Padre Gerin, para llevar los secretos a Roma. Salieron el 6 de julio con una carta credencial escrita por el obispo indicando el porqué del viaje y pidiendo que la Santa Sede confirmara la declaración de autenticidad que el obispo proponía publicar con respecto a la aparición.

Escribió Monseñor de Bruillard: *"Mis dos enviados tienen el encargo de traerme lo que su Santidad desea decir con respecto a la aparición de la Santísima Virgen. En el caso de una respuesta favorable, puede su Santidad permitir que el Obispo de Grenoble, en una carta pastoral promulgue que esta aparición tiene características de la verdad y que los fieles tienen razón en creer en ella. ¿Su Santidad estaría de acuerdo con mi deseo de abrir los tesoros espirituales de la Iglesia... a favor de las personas que visitan la Santa Montaña con devoción? ¿Y puede permitir que los que han confesado sus pecados puedan recibir la Santa Comunión en la capilla que está en el lugar de la aparición?"* Sea cual sea la declaración de la Santa Sede me someto a ella tanto en mi juicio como en mis palabras: cuando Roma haya hablado, se acabó el asunto".

Unos días después, el Cardenal de Bonald, arzobispo de Lyon, llegó al monasterio de Gran Chartreuse y de ahí bajó a Grenoble. El Obispo de Bruillard lo recibió con gran honor y a su pedido le presentó a los dos pastores. El Cardenal los interrogó por largo rato y ellos respondieron con su simplicidad de siempre. El parecía muy contento con ellos, pero cuando les pidió que le contaran sus secretos, se negaron completamente. El cardenal tuvo que aceptar que los secretos estaban en Roma y el ya no tenía derecho a intervenir. El obispo de Grenoble estaba siguiendo el curso que el mismo Papa le había indicado.

El Papa Recibe Los Secretos

El 18 de julio los Padres Rousselot y Gerin fueron recibidos en audiencia por el Papa Pío IX (1792-1878). EL Santo Padre, que estaba sen-

Papa Pio IX (1792-1878)

tado en su escritorio, se levantó y les presentó su anillo para que lo besen. Después, recibió los dos sobres sellados, los abrió y comenzó a leer las cartas. Leyó primero la de Maximino.

Su único comentario fue: *"aquí toda la sencillez y apertura de un niño".*

Después, para poder leer las cartas más fácilmente se acercó a la ventana y abrió la persiana.

"¿Estoy obligado a guardar estas cosas en secreto?", preguntó el Papa.

"Santo Padre—respondió el Padre Gerin—usted puede hacer lo que desea. Usted tiene las llaves de todas las cosas".

Mientras leyó la carta de Melania sus labios se juntaron tensamente y su cara parecía conmovida con bastante emoción. Dijo el Papa:

"Estos son los castigos con los cuales se amenaza a Francia, pero no solo ella es la culpable. Alemania, Italia, toda Europa es culpable y merece castigo. Tengo menos que temer a la oposición abierta que a la indiferencia y respeto humano. No es sin razón que la Iglesia se llama militante y aquí ves a su capitán (apuntando el dedo a sí mismo). Debo leer estas cartas cuando tenga más tiempo".

Después, dirigiéndose al Padre Rousselot el Santo Padre comentó: *"He leído tu libro (sobre La Salette), examinado por Monseñor Fratini, promotor de la fe. El me ha dicho que está satisfecho con el libro; es bueno y tiene todos los signos de la verdad".*

Los enviados de Grenoble salieron de la entrevista muy conmovidos. Al día siguiente visitaron al Cardenal Fornari a quién el Padre Rousselot presentó una copia de sus escritos sobre la aparición. El cardenal, que anteriormente había estado en Francia, conocía estos escritos y declaró que los leería de nuevo con agrado. Agregó: *"me dan temor estas cosas. Tenemos todo lo que hace falta en nuestra religión para la conversión de pecadores y cuando el cielo emplea estos medios extraordinarios, el mal debe ser realmente grande"*.

El Padre Gerin pronto volvió a Francia, mientras el Padre Rousselot permaneció y continuó su misión, recogiendo opiniones de los dignatarios principales de la Iglesia en Roma sobre el tema de La Salette. Visitó a Monseñor Fratini, de quien el Papa Pío IX había hablado. *"¡Ah sí!, he leído tu libro con mucha atención"* dijo el obispo *"y como resultado, creo que el obispo de Grenoble tiene mucha justificación para levantar un hermoso y gran santuario en el lugar mismo de la aparición y también de permitir que en sus paredes se coloquen placas de agradecimiento, porque son muchos los milagros de los que se hablan en tu libro o por lo menos va a haber muchos milagros en el futuro"*.

En una segunda visita a Monseñor Fratini, esto le dijo: *"Para establecer el nuevo santuario en honor a la Santísima Virgen, tener probabilidad es suficiente. No hace falta canonizar a la Santísima Virgen. El hecho de La Salette tiene en su favor numerosas probabilidades"*.

El Padre Rousselot también visitó al Padre Jan Philipp Roothaan (1785-1853), Roothaan, el asistente Jesuíta para las Provincias Francesas. Ambos demostraron que estaban a favor de La Salette. *"Después de leer los libros que tratan sobre este tema"* dijo el Padre Rubillón, *"estoy muy convencido de la veracidad del hecho. No veo de que manera los testigos podían haber sido engañados o ser engañadores"*.

El cardenal Lambruschini (1776-1854), Prefecto de la Sagrada Congregación de Ritos, habló más positivamente todavía: *"Ya hace mucho que conozco a La Salette"* declaró el Padre Rousselot. *"¡Como obispo lo creo! Como obispo lo he predicado en mi diócesis de Porto y he notado que mis prédicas han producido un gran impacto. Además, conozco los secretos de los niños. El Santo Padre me los ha comunicado"*.

Finalmente, dos días antes de salir de Roma, el Padre Rousselot fue recibido de nuevo en audiencia por el Santo Padre. El Papa le preguntó si le había gustado su visita a Roma. *"Estoy contento con todo lo que he visto y escuchado"* respondió el sacerdote. *"Y estoy especialmente contento de estar de rodillas a sus pies, Su Santidad".* Entonces pidió la bendición papal, en particular para el obispo de Grenoble y para los pastores de La Salette.

En cuanto a la Aparición, el sacerdote volvió llevando una indicación verbal de la Santa Sede a Monseñor de Bruillard indicándole que *él haga lo que le parecía correcto con respecto a La Salette.*

Entonces fue de que después de mirar unas páginas escritas por dos ignorantes pastores, el Papa Pío IX hizo esta declaración memorable: *"No es sin razón que se llama a la Iglesia Militante; y ves ante ti a su cabeza"* ¿Contra cuáles enemigos tenía que pelear esta cabeza de la Iglesia durante el Reino Papal más largo de la historia? Contra la indiferencia, el libre pensamiento, escepticismo con respecto a la religión y la timidez de tantos católicos. ¿No era admirable que el Papa encontró todo esto implicado en las pocas páginas escritas por dos campesinos, casi analfabetos?

Capítulo 10: El Obispo Aprueba La Salette

Toda la diócesis de Grenoble se alegró con los resultados de los Padres Gerin y Rousselot en Roma, porque ambos eran muy estimados en el clero y los fieles. Monseñor de Bruillard ahora se sentía casi obligado, por todos estos acontecimientos a favor de La Salette, de formular su juicio tan esperado. Escribió entonces a su colega y amigo, el Obispo Villecourt de Rochelle que era uno de los primeros obispos en estudiar el acontecimiento en el lugar mismo de la Aparición. Le pidió su ayuda para componer la circular doctrinal.

Al esbozo que el futuro cardenal le envió en respuesta, el obispo de Grenoble agregó solamente dos puntos: uno refiriéndose al problema de Ars y el otro con referencia a los secretos. Firmó su famosa carta pastoral el 19 de septiembre de 1851, en el quinto aniversario de la aparición. Pero antes de publicarlo le pareció prudente, como última precaución, someter su documento para que lo revisara el Cardenal Lambruschini, Prefecto de la Sagrada Congregación en Roma.

Abbé Rousselot, (der) con un compañero sacerdote, visitan el lugar de la Aparición.

Un poco más tarde, el 17 de octubre, el Padre Rousselot recibió la siguiente carta del cardenal:

"He recibido, junto con tu carta del 17 de septiembre, el esbozo de la circular doctrinal que el piadoso y sabio obispo de Grenoble desea publicar con respecto al hecho de una aparición que ocurrió en una de las montañas de su diócesis. Tan pronto como mis ocupaciones y mi pobre salud me lo permitieron, leí atentamente la carta y aquí está mi opinión: el obispo habla del hecho extraordinario sin prejuicios, con la precisión histórica que la Sagrada Escritura recomienda y según las reglas de Nuestra Santa Madre Iglesia. Todo en la circular es excelente y la lectura del mismo me ha satisfecho en

todos los aspectos. Se ve especialmente que se investigó el acontecimiento con un rigor muy admirable".

La única corrección que su Eminencia hizo se refirió a un pequeño detalle: no le parecía oportuno al cardenal cantar el Te Deum después de la lectura pública de la carta pastoral.

Entonces, el juicio doctrinal por fin fue leído en todas las parroquias de la diócesis el domingo 16 de noviembre, en todas las Misas de las parroquias y, con pocas excepciones, infundió una alegría única en todo el pueblo. Ese documento tan memorable luego sirvió como modelo para el obispo de Tarbes, cuando le tocó aprobar la Aparición de Lourdes unos diez años después. En la circular, Monseñor de Bruillard explicó los motivos que habían guiado su conducta desde el principio hasta el fin de este asunto importante e hizo un resumen de las investigaciones que él había presidido con tanto cuidado y atención.

Con respecto a las pruebas de autenticidad, él observó primero el carácter del testimonio de los niños. *"No obstante la sencilla naturaleza de estos dos niños y no obstante la imposibilidad de haberse concordado anteriormente, siendo dos niños ignorantes que casi no se conocían antes; no obstante su testimonio que no había variado frente a jueces civiles ni frente a miles de personas que buscaban toda clase de trampas para engañarlos y hacerlos confundir y hacerlos contradecirse o de quitarles los secretos; no obstante todo esto, me sentí obligado por mucho tiempo a no apresurarme en declarar cierto este acontecimiento que parecía tan maravilloso. Por otro lado, no podíamos descartar la posibilidad de un acontecimiento que el Señor, ¡quién lo puede negar! Podría haber permitido para su gloria, porque su brazo no es corto y su poder es hoy igual a lo que ha sido por los siglos".*

Los milagros que venían después de la aparición fueron, según el juicio del obispo, un segundo indicio innegable del origen divino de la Aparición. Mientras su cargo de obispo le obligaba a tomar el hecho con mucha cautela y de pedir fervientemente las luces del Espíritu Santo, fueron numerosos los milagros que se publicaban por todos lados, y su número aumentaba constantemente. La gente relataba sanaciones extraordinarias obtenidas en distintas partes de Francia y aún en países muy lejanos.

Personas enfermas, desahuciadas y condenadas por sus médicos a una muerte prematura, proclamaron su sanación. Declararon que de repente habían vuelto a la salud perfecta al invocar a Nuestra Señora de La Salette, y al emplear en espíritu de fe el agua de la fuente cerca del lugar donde había aparecido la Reina del Cielo. Desde los primeros días se había hablado mucho de esta fuente y todos concordaron en que anteriormente la fuente daba agua raras veces y solamente después de que se derritieran las nieves o después de lluvias fuertes. El día 19 de septiembre estaba seca, pero al día siguiente comenzó a dar agua y sigue dando agua sin interrupción desde ese día. El agua entonces se puede llamar milagrosa, si no en sus efectos, por lo menos en sus orígenes.

Otro dato más llamó la atención del obispo. Era difícil creer, pero era innegable que una gran cantidad de personas subía la montaña en distintos períodos y especialmente en el aniversario de la Aparición. La concurrencia era realmente admirable considerando la inaccesibilidad del lugar y los muchos sufrimientos que los peregrinos tenían que soportar.

Unos pocos meses después del acontecimiento, el obispo había consultado a su consejo y a los profesores de su Seminario Mayor, pero dado el desarrollo del asunto, consideraba prudente organizar una comisión especial de personas serias, piadosas y sabias, que tenían que examinar la Aparición detalladamente y discutir sus opiniones con respecto a ella y todo lo que ocurría a consecuencia de ella. Estas sesiones se llevaron a cabo en su presencia. Los dos niños que se declararon favorecidos por la visita de la Mensajera Celestial, vinieron frente a la comisión y fueron cuestionados, primero por separado y luego juntos. Sus respuestas fueron medidas por los oyentes y fueron discutidas todas las objeciones que se podían traer contra el hecho. Se discutía libremente. *"Y aunque estaba convencido—el obispo en su carta—de manera completa y lúcida al fin de las sesiones de la comisión en diciembre de 1847, todavía yo no estaba dispuesto a publicar un juicio doctrinal con respecto a un tema de tanta importancia"*.

Mientras tanto, el número de peregrinos continuaba sin disminución y entre esos peregrinos había muchos sacerdotes y obispos como así

Obispo Philibert de Bruillard (1765-1860),
fundador de los Misioneros de Nstra. Sra. de La Salette

muchos laicos de todos los ambientes de la vida. Viajaban cientos de kilómetros para ofrecer a la Virgen su ferviente amor y gratitud por sanaciones y otros favores recibidos. Estas gracias extraordinarias, fueron atribuidas sin excepción a la invocación de Nuestra Señora de La Salette, y numerosas de estas gracias fueron declaradas milagros auténticos por los obispos en cuyas diócesis ocurrían.

"Como todos sabemos", continuó Monseñor de Bruillard, *"no han faltado opositores"*. *¿Qué verdad moral o qué acontecimiento humano o divino no ha tenido opositores? La Salette es un acontecimiento muy extraordinario que no tiene una explicación fuera de una intervención divina, ya que todas las circunstancias y todas las consecuencias se unen en mostrarnos el dedo de Dios. Para cambiar nuestra fe hubiéramos necesitado un hecho contrario tan extraordinario e inexplicable como el de La Salette o por lo menos necesitaríamos explicar los hechos por causas naturales. Es precisamente eso que no hemos encontrado. Entonces, ahora estamos proclamando toda nuestra convicción"*.

El obispo fielmente seguía las normas sabias que la Iglesia ha formulado para revelaciones privadas; aún así el obispo se declaró dispuesto a reformar su propio juicio en este como en cualquier punto si el Sumo Pontífice posteriormente decidía hacer un juicio contrario al del obispo.

"Así fueron mis sentimientos", continuó el obispo, *"cuando la Divina*

Providencia nos aportó la ocasión en la cual los dos niños podían revelar sus secretos al Santo Padre, el Papa Pío IX. Frente al pedido del Vicario de Cristo, los pastorcitos comprendieron que tenían que obedecer y decidieron revelarle al Papa los secretos que hasta esa fecha habían mantenido con una constancia invencible... Entonces, con la revelación de los secretos, cayó la última objeción contra la aparición: que no había secretos, o que los secretos no tenían importancia y eran cosas de niños, y que los niños, en todo caso, no estarían dispuestos a revelarlos a la Iglesia".

Finalmente, el venerable obispo de Grenoble, concluyendo en términos solemnes y medidos, formuló su juicio canónico tan memorable sobre la autenticidad de la visión ocurrida en un recinto solitario de los Alpes.

"Por lo tanto, considerando todo lo que se ha escrito o hablado, tanto a favor como en contra del acontecimiento.

"Considerando en primer lugar que es imposible explicar el hecho de La Salette sin hablar de una intervención divina, no importa como consideramos el acontecimiento, sea en sí mismo o en sus circunstancias, o en su finalidad esencialmente religiosa.

"Considerando en segundo lugar las maravillosas consecuencias de la Aparición que son el testimonio que Dios mismo ha dado, manifestándose por milagros, y que este testimonio es superior a los hombres y a sus objeciones;

"Considerando que estos dos motivos, tomados separadamente y aún más cuando están unidos, dominan totalmente la cuestión y quitan el valor de cualquier pretensión contraria como así las suposiciones en contra, de las que somos totalmente conscientes;

"Al pedido expreso de todos los miembros del consejo diocesano y al pedido de la gran mayoría del clero de nuestra diócesis; para satisfacer la expectativa de un número tan grande de almas piadosas, tanto de nuestro país como de otras naciones, que de otra manera nos podrían criticar de haber mantenido encerrada la verdad con respecto a La Salette; invocando nuevamente al Espíritu Santo y a la Santísima Virgen Inmaculada,

"Declaramos:

"Juzgamos que la aparición de la Santísima Virgen a dos pas-tor-citos el 19 de septiembre de 1846, en una montaña de Los Alpes, situada en la Parroquia de La Salette, en el arquiprebisterio de Corps, contiene en sí misma todas las características de la verdad y los fieles tienen motivo de creerla cierta e indudable.

"Creemos que este hecho adquiere todavía más motivo de fe por la grande y espontánea concurrencia de fieles al lugar de la Aparición, como también por los numerosos signos que han ocurrido como consecuencia de este acontecimiento, un gran número de los cuales es imposible dudar sin violar la reglas del testimonio humano".

"Entonces, manifestando nuestro agradecimiento vivo a Dios y a la Gloriosa Virgen María, autorizamos la devoción a Nuestra Señora de La Salette. Permitimos que se la predique y que de ella se saquen conclusiones prácticas y morales...

Firma: PHILIBERT, Obispo de Grenoble.

19 de septiembre de 1851.

Cinco meses después de la publicación de esta carta pastoral, el obispo publicó una segunda refiriéndose al tema de edificar un gran santuario en el lugar mismo de la Aparición y pidiendo donaciones

a los fieles de su diócesis como así a toda la Iglesia universal, para ayudarle en esta tarea tan noble y grande. Comenzó su carta expresando su alegría por los aplausos universales que habían acompañado la publicación de su primera carta doctrinal.

"Raramente en la historia de la cristiandad ha ocurrido que un obispo haya tenido que proclamar la autenticidad de una aparición hecha por la augusta Madre de Dios. El cielo reservó esta alegría para nosotros sin que lo merezcamos personalmente, como prueba visible de la bondad y misericordia que Dios tiene hacia nuestra diócesis. Fue una misión infinitamente honorable que nos dio a cumplir; fue un deber sagrado que nos obligaba, fue un derecho

que nos fue otorgado por el Derecho Canónico. Había que ejercer ese derecho, sino seríamos culpables de resistir la voz del cielo y de oponernos a los deseos que el Pueblo de Dios, en todas partes del mundo nos había expresado.

"Y de hecho nuestra carta pastoral del 19 de septiembre fue recibida con una satisfacción universal; la opinión general ya había adelantado nuestra decisión y el juicio doctrinal solamente sancionó esa opinión dándole una seguridad plena".

De la manera en que había conducido todo el tema de La Salette, el Obispo de Grenoble correctamente confiaba en recibir la aprobación de Roma y de sus colegas en el Episcopado. Envió copias de su carta pastoral a todos los obispos de Francia, a ciertos obispos muy conocidos de la Ciudad Santa de Roma y a varios miembros de la jerarquía en otros países. Muy poco después, recibió de todas partes felicitaciones y aprobaciones entusiasmadas.

Ese documento histórico fue publicado en el diario del Vaticano (Observatorio Romano) como también en los diarios y revistas católicas de todos los países de Europa. Como resultado, iglesias y capillas se levantaron en distintos lugares en honor a Nuestra Señora de La Salette y la devoción comenzó a ampliarse desde Francia a todos los

Catedral de Saint-Louis de La Rochelle,
presidida por el Obispo Clement Villecourt (1787-1867)

rincones del mundo cristiano.

Entonces, el futuro cardenal de la Rochelle, Monseñor Clément Villecourt (1787-1867), resumió muy bien el sentimiento general en una carta, dirigida a ese campeón de María, Monseñor de Bruillard. Dijo el futuro cardenal:

"Ya no puedo resistir" escribió el 16 de noviembre de 1851 "la necesidad de revelarte la alegría con que leí tu carta pastoral sobre La Salette. Es una obra maestra de prudencia, sabiduría y autoridad episcopal. También revela tu tierna piedad hacia Nuestra Madre Inmaculada. Solo este documento inmortalizaría tu Episcopado si no estuviera ya llena de tantas cualidades que marcan a un obispo de gran valor. Que disfrutes de la satisfacción que tu declaración jurídica merece; es una decisión noble, tomada después de una reflexión madura y con la iluminación del Espíritu Santo. Que Dios te lo pague cien veces en esta vida y con una feliz eternidad".

Capítulo 11: Los Pastorcitos Después Del Gran Acontecimiento

Cuando en noviembre de 1851 Monseñor de Bruillard declaró pública-mente que la Aparición era auténtica y digna de Fe, la misión oficial de los testigos terminó, y una nueva etapa de vida se abrió para ellos. Era la Iglesia misma que ahora asumió el encargo de hacer conocer el mensaje de la Señora a todo su pueblo. Por lo tanto, sin tomar en cuenta la futura conducta de los dos pastorcitos, ya no se podía emplear esa conducta como argumento en contra de la realidad sobrenatural de la visión.

Obispo Jacques-Marie-Achille
Genoulhiac (1806-1875)

Simplemente porque el Rey Salomón se desvió del camino de la virtud cuando era viejo, no significa por ello que no recibió un don especial de sabiduría al comenzar su reino, como tampoco se puede negar que los Libros Sagrados que escribió son auténticos e inspirados. Este punto importante de la teología fue enfatizado por el sucesor de Monseñor de Bruillard en la sede de Grenoble en un sermón a los peregrinos que se reunieron en la Santa Montaña para el aniversario de la aparición de 1855.

Así declaró el ilustre Obispo Ginoulhiac, que era el futuro arzobispo de Lyon: *"la misión de los niños se acabó; ahora comienza la misión de la Iglesia. Vayan por donde vayan, por el mundo entero, si llegan a ser hasta cristianos decaídos y si aún comienzan a negar aquello que han declarado al mundo entero; si tiran abajo toda la gracia que han recibido y recibirán, todo esto no puede derrumbar la realidad de la aparición que es cierta, com-probada canónicamente y nunca será seriamente sacudida"*.

Tomando la misma línea de pensamiento, el Padre Melin, pastor de Corps, respondió sabiamente a una persona que lamentaba no poder visitar a Melania, que en ese entonces estaba en Inglaterra.

El Padre dijo: *"¿Y qué beneficio recibirás tú de tal visita con ella? Dios tomó a los dos niños de La Salette en su inocencia y se valió de ellos. Pero te aseguro, su misión ya acabó con respecto al hecho de la Aparición. Dejémoslos entonces al lado y sigamos el camino que la Divina Providencia nos indique ahora. Contentémonos con admirar las pruebas luminosas que el cielo diariamente da a este acontecimiento. La Aparición ahora descansa sobre cimientos muy visiblemente divinos y ningún elemento humano ahora puede sacudir el edificio".*

Maximino mismo entendió esto. Mientras visitaba a los sacerdotes Misioneros de La Salette en Grenoble el 14 de septiembre de 1862, les dijo que no iba a estar presente en la montaña de La Salette para el día 19 de septiembre porque encontrarse con tantos peregrinos en un día le cansaba mucho. *"Además"*—agregó—*"como he dicho numerosas veces, mi misión ahora acabó ya que la Iglesia ha examinado La Salette y se ha pronunciado sobre ella".*

"Y sin embargo" le comentó uno de los sacerdotes, *"¿no es cierto que relatas la historia de la Aparición cuando la gente te lo pide?"*

"Sí", respondió Maximino, *"siempre hablo de la aparición y siempre de la misma manera, pero mi misión acabó".*

En los cinco años cruciales desde 1846 hasta 1851 los dos testigos se habían mostrado totalmente fieles y muchas veces heroicos. Eran apóstoles de la Bella Señora y su testimonio era inconfundible, un testimonio que sacudió y marcó a todo el mundo cristiano. *"Pero ahora"*, observó Gaitan Bemoville en su obra maestra con respecto a la aparición, *"esa misma fama trastornó a estas dos personas débiles que estaban desacostumbradas a ella. Habían comulgado con lo invisible. Habían visto a la Madre de Dios y recibido un gran mensaje de ella. Sin embargo volvieron a ser ahora personas limitadas, poco diferentes de la gente común de Corps y de La Salette. Por otro lado, no podían perderse nuevamente en la masa y pasar desapercibidos. Todo el mundo dirigía la mirada sobre ellos. Recibían críticas y fueron juzgados por normas y criterios no apropiados*

*para ellos. Sus faltas, sus travesuras, su naturaleza rústica o su cierta impru-
dencia ahora causaban escándalo. La misma conducta en otros no hubiera
llamado la atención a nadie".*

"*Mucha gente concluyó que la única solución para Maximino y Melania era el sacerdocio o la vida religiosa, así los separaban completamente del mundo. Mientras eso tenía su lógica, y de cierta manera
era deseable, no había ninguna obligación de parte de ellos de tomar
ese camino simplemente porque habían recibido un favor sobrenatural. El fin y objetivo de la misión era el bien de todos los católicos;
no era una visión que dio beneficio a ellos dos en particular.*

"*Santa Bernardina de Lourdes, se hizo religiosa; y ya estaba en
el convento la Beata Catherine Labouré cuando ella recibió una
aparición de la Virgen. Pero por lo menos una de las videntes en
Pont-main en 1870 permaneció laica. Y Estelle Faguette, a quien
la Santísima Virgen apareció en Pellevoisin, permaneció siendo la
parroquiana modelo que siempre había sido. Cada una de estas
personas, desde el estilo de vida que eligió libremente, trató de vivir
de una manera consecuente con el favor que había recibido del cielo.*

"*Las autoridades religiosas que supervisaron a Maximino y Melania
se preocuparon para que la vida de los dos niños corresponda al
privilegio que habían recibido. Sin embargo, no aplicaron ninguna
presión indiscreta para hacerlos entrar al seminario o al convento.
Melania, por su propia cuenta pronto había expresado su deseo de
ser una religiosa. El caso de Maximino era más difícil".*

Maximino: La Vida De Un Nómada

Después de pasar cuatro años como interno en la escuela de las hermanas en Corps, Maximino dejó su pueblo natal en 1850 y fue recibido en el seminario menor diocesano en Rondeau, cerca de Grenoble.
Pronto la vida de seminarista le resultó muy desagradable a este
pastorcito de las montañas; no podía concentrarse en los libros. Por
lo menos era bastante sincero con respecto a sus defectos y permaneció tan amable como siempre.

El año siguiente, Maximino fue transferido a otro seminario en la diócesis, a un lugar llamado Cote-Saint-André. Comenzó bien y se sintió feliz, pero de acuerdo con su disposición constantemente inquieta, quedó ahí muy poco tiempo. En la primavera de 1853 volvió a Rondeau. Se suponía que a esta altura había aprendido el valor del trabajo, pero su progreso en los estudios no era satisfactorio. Los superiores lo entregaron a un tutor, su amigo, Padre Champon. Se esperaba que un tutor privado ayudara a este joven seminarista. Pasó tres años felices con este sacerdote bondadoso y dedicado. Durante las vacaciones de verano de 1854, Maximino acompañó a un tal Señor Similien, un profesor de ciencias de Angers que iba a Roma como peregrino y tuvo el privilegio de ser recibido por el Santo Padre.

En 1856 el pastorcito de La Salette intentó volver a los estudios, cruzando todo lo largo del sur de Francia al Seminario de Dax, que estaba bajo la dirección de los Jesuitas. Pero de nuevo, su entusiasmo para el sacerdocio y vida religiosa duró poco. Fue inconstante en sus estudios, que en parte se puede atribuir a las visitas frecuentes que curiosos desconocidos hicieron al Seminario en esos años para poder verlo. Cuando estaba en Dax, para su gran satisfacción, permaneció varias semanas en el anonimato y le hubiera gustado continuar así. Pero eventualmente la gente se enteró quién era y el 24 de abril de 1856, cuando se consagraba una gran iglesia en Tartas, no era el obispo que atraía la atención de la gente sino el portador de su mitra.

Primer dibujo de Maximino, 18 de junio de 1847

En 1856 el Seminario Mayor fue transferido de Dax a la sede episco-pal en Aire, donde Maximino y sus compañeros estudiantes se alojaron en el nuevo edificio que había sido construido para aco-modarlos. La Hermana Thecla y la tía de Maximino, Hermana Vale-ria, le escribieron al joven desde su convento en Corps diciéndole que estaban felices de saber que él progresaba en sus estudios y que ya estaba bastante cerca al sacerdocio; pero pronto las desilusionó. *"Por favor"*, les escribió, *"les ruego no alegrarse conmigo, porque no estoy entre quienes se preparan para el sacerdocio; estoy con otros estudiantes de filosofía, preparándonos para volver al mundo. Cuando me vean en agosto, estaré vestido de civil"*.

Durante todo ese tiempo, luchó valientemente contra su tempera-mento y sus altibajos excesivos. En los momentos de tentación siempre traía a su memoria la visión de la Bella Señora *"y el recuerdo de la Aparición"*. Él contó: *"es algo que siempre me frena, me somete y me hace fuerte con la fuerza de Dios, quien nunca me va a dejar ser víctima de mí mismo o de la tiranía de las pasiones, o de Satanás o del mundo"*. Al escribir a la superiora de las Carmelitas en Aire para agradecerle su ayuda y sus oraciones, él reveló:

> *"Últimamente he sufrido mucho y he llorado al pie de la cruz que tengo en mi cuarto. El diablo hizo todo intento de hacerme caer en la desesperación o en la impureza. Terrible ha sido mi lucha contra Satanás que, gracias a Dios, no ha podido alcanzar la puerta, a lo que Santa Teresa llama 'el castillo interior'. Me mantuve en una calma imperturbable"*.

Al no sentir una llamada clara al sacerdocio, Maximino

La casa de Maximino en Corps

decidió retirarse. Los seminaristas quedaron muy marcados con esa noticia porque todos lo querían mucho. Un nuevo período en su vida de nómada estaba por comenzar. Maximino permanecerá firme en su fe y amor a Nuestra Señora. De vez en cuando, debido en parte a su inconstancia en todas las cosas que proyectaba, fue su suerte sufrir bastante pobreza y hasta miseria.

Con la Pascua de 1858 comienzan los fracasos más tristes en la vida de Maximino. Consiguió un trabajo de un cobrador de impuestos en La Tronche, cerca de Grenoble, pero pronto perdió su trabajo; no entendía la matemática. De ahí fue a vivir a París. Después de estar allí seis meses, escribió a la Hermana Thecla para contarle lo mal que la había pasado viviendo con diez francos por cuatro meses en las calles de la gran ciudad. Muchas veces lloró al pensar en sus días de niño cuando las buenas hermanas lo habían abrazado, mientras que ahora, como el Hijo Pródigo, ¡estaba muriendo de hambre!

"Un día", continúa en esa misma carta, *"estuve en la capilla de Nuestra Señora, detrás del altar principal de San Sulpicio. Recé a esa amorosa Reina de los Ángeles usando el título de 'Madre de los Afligidos'. Cuando salí de ahí, me sentí consolado y muy animado. Por fin hermanita, he conseguido un buen empleo con la oportunidad de promoción por buena conducta y trabajo".*

Maximino como Papal de Zouave

El trabajo al cual Maximino se refería aquí era como empleado en el hospital de Vesinet. Lo consiguió en el verano de 1859, pero permaneció ahí solamente unos meses. Después pasó un año y medio en la Universidad de Tonnerre para terminar

115

sus estudios, gracias a la generosidad de algunas personas que se interesaron en él. En 1861 volvió a París y fue después como peregrino a La Salette, que permaneció siempre en el centro de sus pensamientos y sus sentimientos. Regresó a París y después visitó el puerto de Le Havre donde quedó gravemente enfermo y fue internado en el hospital San Luis. Mientras se recuperaba, vio la miseria física y moral de tantos enfermos; la mayoría de ellos no tenían fe ni el consuelo que ella da. Al ver eso se sintió conmovido y le impresionó la idea de que se necesitaban buenos médicos tanto como buenos sacerdotes. ¡Tal vez el podía ser tal médico!

Al abandonar el hospital, su pobreza total no le desanimó en su nuevo proyecto. Una pareja piadosa y rica, los esposos Jourdain, invitaron a Maximino a su casa en la periferia de París. El pastor de La Salette les contó su deseo de estudiar medicina para poder así salvar las almas de los enfermos mientras sanaba sus cuerpos. La pareja Jourdain generosamente financió este proyecto; el joven siguió sus estudios de médico durante tres años con bastante éxito. Pronto esta pareja lo trató como un hijo, y le dieron un lugar en su mesa. El aceptó, sintiéndose feliz de poder vivir por fin una vida de familia. ¿Había encontrado finalmente su vocación?

Era realmente un record de estabilidad para Maximino: había pasado tres años haciendo una sola cosa y viviendo en un solo lugar. Pero como se daba por esperar, el volvió a su existencia de nómada. Gracias a la generosidad de una bienhechora, visitó Venecia y Roma. Al ver el desfile de la Guardia Suiza del Papa, se entusiasmó de nuevo con la idea de defender la soberanía temporal del Papa. En abril de 1866, entró por seis meses al grupo de voluntarios Franco-Belgas conocidos como Suaves.

No ocurrió nada notable durante ese período. Maximino lo pasó haciendo guardia en el cuartel y no entró en combate. Pero este período ocasionó un testimonio muy importante con respecto a su vida y carácter. El testimonio viene de uno de sus compañeros de cuartel, llamado Henry le Chauff de Kerguenec, que más tarde entró con los Jesuítas. Kerguenec dio su testimonio en una carta privada a su padre, sin tener idea de que algún día se publicaría su carta, y por ese motivo es una carta de especial valor. Era un joven inteligente, de corazón bueno, de una familia bien educada, y sus cartas revelan una piedad genuina, franca y sencilla. De él recibimos una evaluación de Maximino que es objetivo y equilibrado, evitando las injusticias de aquellos que no querían a Maximino y evitando también los excesos de aquellos que le adulaban.

Maximino había prometido al Cardenal Villecourt, que en ese momento vivía en Roma, de no decir a nadie que él era el pastor de La Salette. Maximino fue fiel a su promesa, pero Kerguenec tenía una mente astuta y rápidamente asoció el nombre "Maximino Giraud" con la aparición tan conocida. Lleno de vergüenza, Maximino tuvo que admitir su identidad. *Estaba muy molesto* agrega Kerguenec, *que de esa manera había caído en mi trampa. A raíz de eso, inmediatamente le sentí una gran estima*. Después el compañero continúa su descripción. *"¡No es cualquier muchacho este! Es fuerte como un toro; come y bebe fuerte"*.

Maximino ya tenía treinta años de edad. Ya no era el niño de antes, flaco, nervioso e inquieto. Era grande de estatura, tenía un bigote negro que combinaba bien con sus ojos grandes y negros que nunca perdieron su brillo. *"Bebe bien"* dijo su compañero. Ya se sabe que algunos decían que a Maximino le gustaba demasiado el vino. Kerguenec sin embargo dice otra cosa. *"Tiene sus faltas y tiene una tendencia de estar demasiado dispuesto de entrar en la ronda de bebidas. Desde su llegada aquí, dos o tres veces parecía que había tomado demasiado vino. Ayer quise ver por mi mismo si realmente excedía los límites de la prudencia y observé que solamente un vaso de vino inferior lo hacía hablador y le ponía roja la cara. Es, por lo tanto, un asunto de temperamento; tal vez su corazón no está funcionando normalmente"*.

Este último diagnóstico fue comprobado tiempo después. Maximino era una buena persona, según Kerguenec, y rústico como las montañas de donde venía, pero era noble y generoso. *"En la conversación común, este pastor de Corps es un poco pesado y lento, pero a él no le falta nada de buen humor y buen juicio"*. Era un poco descuidado con el dinero y tenía que contar con la generosidad de su amigo. *"Pero le daré por amor a Nuestra Señora"* escribió Kerguenec *"y confío que ella me va a bendecir por esta ayuda".*

Hasta ahora y no obstante sus faltas, Maximino está descrito con una virtud natural común; pero el análisis de Kerguenec va más profundo y él demuestra como este pastorcito realmente sube por encima de lo común y corriente. La visión de hace ya veinte años le había dejado bien marcado y sus efectos nunca fueron borrados; al contrario, quien observaba con más atención, podía todavía percibir la belleza sobrenatural en el rostro y carácter de Maximino. Aún antes que Kerguenec había descubierto la identidad real de su compañero, había observado que este nuevo recluto, en la oración de la noche donde todos los soldados estaban juntos, sabía rezar de verdad y dirigir miradas verdaderamente amorosas y suplicantes a la pequeña imagen de Nuestra Señora. Este detalle fue suficiente para confirmar a Kerguenec lo que sospechaba con respecto a la identidad de Maximino, pero todavía hay más por decir:

"Cuando habla de la aparición ya no es lo mismo, debe ser sin duda la Santísima Virgen quien lo inspira, porque cuando habla sobre la aparición habla con una claridad y una lógica admirable. Cualquier dificultad de lo más cuidadosamente preparada, es para él simplemente un juego y rebata toda objeción con tanta facilidad como un niño que hace caer un castillo de cartas". Entonces, veinte años después de la aparición, todavía aparecía en su rostro cada vez que hablaba sobre el acontecimiento, esa transformación de carácter en los pastores de La Salette que el Padre Dupanloup y tantos otros habían observado ya desde el comienzo.

Había otra manera también en que Maximino inconscientemente daba testimonio de la experiencia sobrenatural que había tenido y también al afecto especial que la Virgen Santísima ejercía después de esto siempre sobre su carrera inestable.

"Con respecto a comentarios o chistes de doble sentido"—dice Kerguenec ; — *"tiene horror de ellos. Uno puede ver que su corazón siempre se ha mantenido digno de la Santísima Virgen y que no se ha manchado con nada. Maximino confiaba en mí, contándome sus macanas en París y otras partes, cosas que él llamaba sus tonterías. Estas pequeñas cosas no eran más que travesuras porque me ha jurado que en cuanto a la pureza, la Santísima Virgen nunca le ha permitido salir de la línea ni en el más pequeño detalle.*

Mientras estudiaba medicina en París, algunos alumnos trataron de ponerlo en situaciones comprometedoras. Los rechazó a todos y en cuanto a mí, que ya lo conozco, este milagro es aún más admirable que la misma aparición".

Cuando terminó su compromiso de seis meses con "Los Suaves", volvió a París. Apenas puso pie en tierra francesa, cuando con fecha de 11 de noviembre de 1865, un diario muy popular, *"La Vie Parisienne"* publicó un artículo diciendo que Maximino ya no creía en la Aparición de la que él y su "hermana" habían sido testigos y que además había sido expulsado del seminario por tener opiniones que no estaban de acuerdo con la Iglesia.

MA PROFESSION DE FOI

SUR L'APPARITION

DE

N.-D. DE LA SALETTE

OU

RÉPONSE AUX ATTAQUES

DIRIGÉES

CONTRE LA CROYANCE DES TÉMOINS,

Par Maximin GIRAUD,

L'UN DES BERGERS (ZOUAVE PONTIFICAL).

« Avancez, mes enfants, n'ayez pas peur,
Je suis ici pour vous annoncer une grande
nouvelle.
« Eh bien! mes enfants, vous le ferez
passer à tout mon peuple. »

SE TROUVE :

A LA SALETTE, CHEZ MAXIMIN GIRAUD.

1870.

Página del Titulo del Libro de Maximino "Mi Profesión de Fe en la Aparición de La Salette

Maximino fue a un abogado de la corte para averiguar qué camino debería seguir con respecto a este artículo totalmente falso. El sintió que no podía dejar pasar esto sin protestar, porque lo representaba como haciendo burla de aquello que había afirmado tantas veces y con tanta solemnidad. La integridad de su vida estaba aquí en juego; y esto fue tanto más verdad ya que el diario fue leído por mucha gente de ese distrito de Saint Germain donde muchas personas que conocían a Maximino lo tenían en alta estima. Se arregló la cuestión fuera de la corte y el diario puso una disculpa en sus hojas.

Maximino no estaba muy satisfecho con esta retracción a medias y se resolvió publicar una respuesta detallada a estos ataques dirigidos contra la sinceridad de los dos testigos. En ese mismo año apareció un librito de setenta y dos páginas con el título *Mi profesión de Fe en la Aparición de La Salette*. Después de relatar los acontecimientos, Maximino continúa refutando las objeciones principales que habían sido levantadas contra la Aparición durante el transcurso de los años. Con una exposición concisa y clara de las pruebas de autenticidad, esta publicación no tiene igual y su lógica convencedora ganó el favor de muchos. Unos cincuenta años después el famoso teólogo, Cardenal Billot, S.J. (1846-1931), alababa el trabajo.

Después de esta declaración conmovedora e impresionante que fue publicada en París, Maximino se cansó de la vida en la ciudad y fue a vivir con el matrimonio Jourdain en su bonita casa campestre cerca de Versailles. Ahí vivió una cierta soledad encantadora confortado por el cariño de sus dos bienhechores a quienes consideraba casi como sus padres. Por una combinación de circunstancias lamentables, el dinero modesto de esta pareja poco a poco desapareció. Maximino había contribuido en parte a esta crisis, al mal administrar los bienes de la pareja, aunque fue por su poca experiencia. Pronto volvió con ellos a Corps de donde salió muy pocas veces en lo que quedó de su vida. Una vez más, la pobreza y una vida de trabajo y deudas eran su suerte.

Los padres de La Salette que estaban en la Montaña Santa y el Obispo Ginoulhiac le ayudaron y buscaban encontrarle un trabajo adecuado. Trabajó todo lo que su pobre salud le permitía. Todavía tenía dudas en cuanto a qué vocación seguir. Los misioneros de La Salette estaban contentos con sus visitas periódicas al santuario y los peregrinos quedaron admirados por la piedad y amabilidad de Maximino. Pobre como era y con el peso de tantas deudas, jamás aceptó ni un centavo que estos peregrinos agradecidos intentaron darle. Su respuesta siempre era: *"Yo no vendo las palabras que la Bella Señora me mandó a hacer conocer a todo el pueblo"*.

En enero de 1874, visitó varias comunidades religiosas de Isere para dar conferencias sobre el gran acontecimiento de su vida. Estas visitas lo cansaron e hicieron volver su reumatismo articular anterior que había afectado gravemente su corazón. Otra vez y con más violencia que nunca, volvió su asma nerviosa. Muchas veces no podía dormir ni acostarse y tenía que seguir caminando en su cuarto; cuando se paraba volvía la tos fuerte.

En abril, el latido de su corazón llegó a ser inconstante y su pecho se hinchó. Sus queridos padres adoptivos no podían convencerlo de ir al hospital y por lo tanto lo atendían personalmente con mucho cariño. El no pudo subir la montaña para el 19 de septiembre de ese año y esa privación la sintió agudamente. *"Querida mamá Jourdain"*—dijo él—*"vamos a hacer juntos una novena, para que la Santísima Virgen me dé fuerzas para hacer una peregrinación a La Salette"*. ¡Con qué fervor rezaron esa novena!

En la noche del noveno día la hinchazón causada por su enfermedad disminuyó bastante. Alegre y lleno de confianza, Maximino subió a una muía y emprendió el camino hacia el santuario, acompañado por la Señora Jourdain. Maximino sonrió al pensar en la sorpresa de su médico al no encontrar a su paciente en casa. Hacía frío, pero un sol hermoso iluminó las cumbres de las montañas. Al llegar, fue directamente a la fuente milagrosa para beber de sus aguas. Los sacerdotes misioneros, sorprendidos gratamente con esta visita no esperada, lo recibieron cordialmente y lo abrazaron con lágrimas de alegría. Lo llevaron al convento de las hermanas de La Salette donde él comió con su madre adoptiva.

En la mañana del seis de noviembre, recibió la comunión con gran fervor. Su mente se llenó de lindos recuerdos de la visita de María.

Cuando terminó su acción de gracias, fue a la fuente milagrosa donde se encontró con la superiora de las Hermanas de La Salette. Este grupo había sido recientemente establecido para atender el santuario. La superiora le suplicó favorecer a las hermanas con una recitación de la Aparición. Aceptó con su típica piedad y gentileza.

Al día siguiente repitió su narración en el comedor de las señoras, donde habló por más de una hora, respondiendo a todas las preguntas con amabilidad y paciencia incansable. Sin embargo, la muerte ya estaba trazada en su rostro cansado. "Por catorce años le he escuchado contar esta historia", comentó la señora Jourdain a las hermanas, *"pero nunca le escuché contarla con tantos detalles y con tanta precisión como hoy"*.

Después de la cena, fue a despedirse del lugar mismo de la Aparición. Unos peregrinos lo acompañaron, entre ellos, dos hermanos de San Viator de Corps, que habían pasado toda la noche, al lado de su cama cuidándolo. Para estos hermanos y peregrinos, repitió por última vez la historia de la Aparición, agregando varias explicaciones. Su voz ya no era la misma de antes, pero era fuerte, llena de fe, amor y convicción. Parecía aún más impactante y conmovedora que en estos primeros tiempos cuando miles de peregrinos los rodearon en este mismo lugar, prestándole mucha atención y comiendo cada palabra que salía de su boca. Después, subió a la muía y saludó por última vez a la Virgen de los Alpes y a ese lugar que ella había santificado y honrado con su presencia. Se despedía de los Padres de La Salette y los peregrinos mientras la Señora Jourdain llorando comentaba a una hermana *"mi Maximino no se ha sanado"*.

Bajando esas hermosas montañas, el pastorcito de La Salette miraba el horizonte que la imagen de María parecía dominar e iluminar.

Este último invierno de su vida fue un sufrimiento para él. Toda comunicación con el santuario fue cortada a causa de las nieves y entonces no podía volver ahí. El Padre Fuzier, que había sucedido al Padre Melin como párroco de Corps, lo consolaba en su grave enfermedad y le ayudaba a aguantar su sufrimiento y soledad con resignación cristiana. Se ofreció a llevarle la Santa Comunión para el 2 de febrero, fiesta de Nuestra Señora de la Purificación; pero la noche anterior, Maximino repetidamente pidió a la Santísima Virgen el favor especial de poder ir él mismo a la iglesia parroquial el día siguiente. Cuando amaneció, tenía las fuerzas de ponerse sus mejores ropas, y con la ayuda de un bastón llegó a la puerta de la iglesia. La Hermana Thecla lo vio y corrió para ayudarle. *"Querida mamá Thecla"*, le dijo Maximino, tomando un asiento cerca de la capilla de Nuestra Señora, *"Debo amar mucho a la Santísima Virgen para poder llegar hoy a la iglesia"*. El vicario, Padre Magnet, le llevó la comunión al lugar donde Maximino estaba de rodillas. Maximino, temblando de debilidad, dejó esta iglesia de su primera comunión, mirando detenidamente al altar, las paredes, el tabernáculo, como si supiera que estaba despidiéndose de ellos por última vez.

Ese día fue feliz, especialmente por haber podido comulgar, pero los dolores fuertes no demoraron en volver. Para alcanzar la gracia de una muerte santa y feliz, rezó su rosario diariamente, una costumbre que nunca había dejado de lado desde los días de la aparición. El agua de La Salette ya era su único remedio.

En los momentos de fuerte sufrimiento, recurrió a San José: *"Sólo pido su ayuda a la hora de la muerte, y San José es tan bueno que seguramente me va a ayudar en ese momento"*. El día sábado 27 de febrero, relató a aquellos que estaban presentes la historia de la Aparición; lo hizo con vos fuerte y clara y con una gran alegría. Comentó: *"me ha sido posible contarles hoy porque es sábado, en honor a la Santísima Virgen"*.

El domingo, las hermanas le llevaron un plato de comida, que era su favorito. Les aseguró que ya hacía varios días que había alguien en su cuarto constantemente con él. Las hermanas creían que este *"alguien"* era San José que había escuchado la oración de Maximino, porque obviamente estaba cerca el fin. La noche siguiente, Maximino insistió en que la Señora Jourdain lo cuidara al lado de su cama; el apuntó hacia ese personaje misterioso, pero ella no podía verlo.

El día siguiente era 1 de marzo de 1875. La Hermana Thecla y su tía, la Hermana Valeria habían insistido en comenzar una novena ese mismo día para obtener su sanación, porque estaban convencidos que sólo un milagro podría restablecerle la salud. Pero esa tarde los signos de la muerte comenzaron a aparecer y el párroco le trajo el Sacramento de los Enfermos que recibió con mucha fe. Tuvo dificultad en tragar la Hostia y pidió un poco de agua de La Salette. Esas fueron sus últimas palabras. El agua de La Salette fue su última bebida. La Eucaristía fue su último alimento. Cerca de las cinco de la tarde, Maximino entregó su santa alma a Dios.

Su funeral fue conducido con toda la solemnidad que las duras condiciones del invierno permitieron. Asistieron seis sacerdotes y casi toda la población de Corps. Su cuerpo fue enterrado al lado de sus familiares en el cementerio de Corps, al pie de la Santa Montaña; de acuerdo con su propio pedido, su corazón descansa para siempre en la Basílica de Nuestra Señora de La Salette.

Como durante su vida fue un apóstol y defensor de la visita de María a La Salette, deseó continuar su profesión de fe con gran fidelidad aún después de su muerte. Por lo tanto, en un prefacio a su testamento, declaró su fe y amor con belleza y fuerza:

"En el nombre del Padre, del Hijo y del Espíritu Santo, Amén. Creo todo lo que la Santa Iglesia Católica Romana enseña, y todos los dogmas definidos por el Santo Padre, el Papa, el infalible Pío IX. Creo firmemente, aún a costa de mi sangre, en la famosa aparición de la Santísima Virgen en la Santa Montaña de La Salette el 19 de septiembre de 1846. He defendido esta aparición con mis palabras, escritos y sufrimientos; después de mi muerte, que nadie declare que yo me he retractado o que me ha escuchado retractar este gran acontecimiento de La Salette, porque al engañarse a sí mismo, esa persona engañaría al mundo. Con estos sentimiento, doy mi corazón a Nuestra Señora de La Salette".

Padre Isidro Perin, M.S.

Tal fue Maximino Giraud, pastor de La Salette.

Capítulo 12: Melania Después de 1851

**Primer dibujo de Melania,
19 de junio de 1847**

Primer dibujo de Melania, 19 de junio de 1847

Melania permaneció cuatro años en la escuela interna de las Hermanas de la Providencia en Corps. En el otoño de 1851, teniendo 19 años de edad, entró como postulante en el Convento de la Providencia en Corenc, la casa madre de esa congregación. Un año después, recibió el hábito como novicia y eligió el nombre de *"Hermana María de la Cruz"*. Durante su noviciado, enseñó a algunos niños en la escuela interna de ese convento y sus superioras quedaron satisfechas. Otras personas competentes en una posición de poder observar a Melania en Corenc, también fueron unánimes en evaluarla favorablemente, reconociendo al mismo tiempo sus defectos.

Una religiosa de la Orden, la Madre Aurelia, que fue la responsable de iniciar a la nueva novicia en las reglas y costumbres de la comunidad dio testimonio que Melania *"fue muy buena y muy piadosa aunque algunas veces de mal humor"*.

En julio de 1871, el Padre Bossan estaba juntando todos los documentos que tenían cualquier referencia a la Aparición. Fue a Corenc para hablar con el Padre Gerente, que había sido capellán del convento durante la estadía de Melania. El Padre Bossan hizo la siguiente anotación de su entrevista:

"¿Cómo se portó Melania cuando era novicia?"

"Muy bien, aunque parecía un poco rara y excéntrica a veces; pero creo que el diablo tenía mucho que ver con eso".

"¿Cuáles fueron los principales defectos que se observaban en ella?"

"Bueno, a veces era terca y de mal humor, especialmente cuando la gente la fastidiaba con preguntas respecto a la aparición o cuando la gente parecía no creer lo que ella decía. Casi siempre estaba triste, nunca parecía alegre".

"¿Cuáles fueron sus principales virtudes?"

"¡Ah!, normalmente era muy obediente, también humilde y piadosa, pura y casta".

"¿Es cierto que experimentó grandes tentaciones?"

"Sí. Parecía a veces que el diablo hacía guerra total contra ella. En una ocasión, un Jesuíta predicaba un retiro aquí en el convento. Yo le pregunté si él creía probable que una niña tan favorecida como Melania, sería blanco especial de las tentaciones del diablo. 'Sin duda', respondió, 'y me sorprendería si no fuera el caso!'. Esto confirmó mis propias observaciones".

Unos dos días después, el Padre Bossan volvió al mismo convento, esta vez para entrevistarse con la Hermana Dosithea, que había sido amiga de confianza y confidente de la Hermana María de la Cruz. Dio testimonio de que Melania se distinguía por su piedad profunda y tierna, su gran espíritu de mortificación, pureza angelical y humildad sincera.

Sin embargo, la Hermana María de la Cruz no fue llamada a votos al finalizar su noviciado. Encontramos una explicación en una carta pastoral sobre La Salette, escrita al Clero por el Monseñor Ginoulhiac de Grenoble, el 4 de noviembre de 1854:

"En cuanto a Melania, es cierto que no experimentó las mismas pruebas que Maximino, pero ella experimentó otras pruebas que sin duda hubiera desconcertado a la imaginación más tranquila o sacudido la virtud más firme. Después de la aparición, ella fue rodeada con todo tipo de atención especial. Muchas distinguidas personas le

mostraron respeto y a veces veneración. Por mucho tiempo, ella no se mostró afectada por este exceso de admiración, pero no debe sorprendernos que finalmente llegó a aferrarse a sus propias ideas, que es uno de los peligros más grandes que amenazan almas favorecidas con una gracia extraordinaria. Al aferrarse a sus propias ideas, se tornaba excéntrica como consecuencia".

"Mientras la comunidad habló bien de su piedad y de su celo por la instrucción religiosa de los niños, al mismo tiempo, vimos que era nuestro deber negarle admisión a los votos a fin de que más eficazmente ella pudiera ejercitarse en la práctica de la humildad y sencillez cristianas, que son las herramientas necesarias para preservarse contra las ilusiones en la vida espiritual".

Melania, llamada Sor Maria de Croix, durante su visita a la Montaña Santa en 1902, dos (2) años antes de su muerte

Sus superioras también estaban afligidas por la tendencia que Melania mostró a la vanidad y a los vuelos de imaginación, disposiciones que sin duda alguna fueron nutridas por las muchas visitas que las mismas superioras habían permitido, a veces imprudentemente, y aún durante su noviciado. Estas andanzas de su imaginación indisciplinada parecen ser uno de los principales defectos de su vida, y crearon una sombra sobre su proceso espiritual, que en otros aspectos tenía mucho para admirar.

Melania fue trasladada a un convento mucho menos importante en Corps. Las hermanas hicieron eso, un poco para ayudar a la salud de Melania, que no era buena, y también en parte para sacarla de Corenc, donde mucha atención fue puesta sobre ella. En Corps hizo esfuerzos valientes de realmente avanzar hacia la perfección religiosa, pero varias circunstancias la deprimían y aburrían.

No tenía clase para enseñar; ya estaba viviendo en una de las casas menos conocidas de su orden; sus compañeras eran niñas del campo que no tenían las modalidades cultas ni la educación de las señoritas que habían estado en la escuela interna de Corenc. Otra cosa que no le gustó era que había vuelto a vivir cerca de su familia, cuya pobreza extrema fue muy conocida. Algunas personas fueron rápidas en hacerle recordar su origen humilde y el hecho de que la habían recibido en el convento sin la acostumbrada contribución monetaria. Además, en este período de la vida de Melania y más aún después, varios sacerdotes y hermanas intentaron darle consejo espiritual. Actuaron con buena voluntad, pero aumentaron sus problemas y a largo plazo promovieron rarezas en su conducta.

Hacía cuatro meses que estaba en Corps cuando en septiembre de 1854, un obispo de Inglaterra, Monseñor Newsham de la Universidad de Oxford y amigo del Papa Pío IX, llegó a Corps con su secretario Canónico Smith. Quisieron celebrar el aniversario de la aparición en la Santa Montaña y estaban muy contentos de conocer a uno de los testigos. Pidieron autorización de Monseñor Ginoulhiac de llevar a Melania a Inglaterra para una visita. Les concedió el permiso, siempre que ella misma estuviera dispuesta a viajar. Melania alegremente aceptó y salió para Inglaterra.

Ella se alojó en el convento Carmelita de Darlington de Dur-hamshire. Según una carta al Padre Melin, párroco de Corps, era necesario aprender el inglés para así poder enseñar a los niños y guiarlos a conocer y amar a la Santísima Virgen. La vida austera de las Hermanas Carmelitas rápidamente la cautivó y consiguió permiso para entrar en esa Congregación. La comunidad admiró su piedad sincera y el 25 de febrero de 1855, Monseñor Hogarth de Hexham, con mucha solemnidad y en la presencia de varios obispos y representantes famosos de la Nobleza Británica Católica, entregó a Melania el hábito de las Carmelitas.

Al concluir su noviciado recibió los primeros votos y por fin ella sentía que había encontrado su vocación y estaba firme en ella. La comunidad por su parte estaba contenta de contar entre sus miembros a una que había visto a la Santísima Virgen y que irradiaba algo de esa visión celestial. Sin embargo, Melania permaneció devota a su país de origen, Francia, y sus pensamientos muchas veces volaron hacia la montaña de María.

Obispo Zalvatore Zola, C.R.L. (1822-1898), de Lecce, Italia, actuó como Directora Espiritual de Melania

Obispo Zalvatore Zola, C.R.L. (1822-1898), de Lecce, Italia, actuó como Directora Espiritual de Melania

Sería lindo contarles que este período tranquilo y feliz de su vida continuó por muchos años, pero no fue así. Su inconstancia, sus distracciones y sus caprichos de carácter comenzaron a reaparecer, y en 1860, cuando ya tenía treinta años de edad insistió, contra todo reglamento monástico, en volver a Francia de inmediato. Varios factores contribuyeron a aquello.

En julio, su hermana María había llegado de Corps para hacerle una visita; hubo además de la situación difícil de su madre en Marseilles que sufría después de separarse de su violento esposo; hubo también la soledad del convento Carmelita. Todo esto influyó en esta brusca decisión que marca un punto decisivo en su vida. Uno se pregunta si ella no hubiera llegado a las alturas de la santidad si hubiese permanecido en ese convento de Santa Teresa de Avila. Pero sus seis años en las Carmelitas no fueron en vano. Su deseo de unión con Dios y con Nuestra Señora, en la oración y el sacrificio, permaneció y creció, y su alma fue purificada en la "moledora" del sufrimiento, la humillación y las contradicciones.

"Nos aflige tremendamente su deseo de regresar a casa", dijo la Hermana Teresa de las Carmelitas en Darlington, escribiendo al Padre Melin el 24 de septiembre de 1860. *"Pero ella insiste, quiere ir. Esta noche, al pedido de Monseñor Hexham yo salgo para acompañarla en ese viaje tan triste. No puedo expresar mi dolor personal ni el de nuestra Madre Superiora como así el de todas las hermanas. La queremos mucho y es una cruz muy grande para nosotras verla salir ya que está decidida a romper todos estos vínculos sagrados de la amistad. Pero pase lo que pase, créame Padre, aunque mi corazón queda afligido, siempre guardaré cariño hacia ella"*.

Cuando llegó a Marseilles, cerca del fin de septiembre, Melania ya había sido dispensada de sus votos religiosos. Ella fue recibida gentilmente por las Hermanas de la Compasión y por su fundador, el Padre Berthes, un Jesuíta. La aconsejaron no revelar su identidad como pastora de La Salette. Sin embargo, Melania era una hija de las montañas y no podía permanecer restringida en una clausura. Entonces las hermanas de Marseilles la enviaron a enseñar a un orfanato en Cephalonia, una de las islas Jónicas en la costa oeste de Grecia. Al año siguiente, Melania volvió al sur de Francia y fue a vivir en una casa de campo cerca de Marseilles, donde se puso bajo la dirección espiritual del Obispo Petagna. Este había sido expulsado de su diócesis por los rebeldes italianos y estaba viviendo en exilio en la ciudad de Marseilles, esperando la oportunidad de volver a Castellamare, la sede Episcopal al sur de Italia. En 1867 Melania salió de Marseilles rumbo a Castellamare, donde permaneció diecisiete años bajo la dirección sabia y paternal de Monseñor Petagna.

Después de la muerte del obispo, otro prelado italiano, Monseñor Salvatore Zola, C.R.L. (1822-2898) de Lecce, a su vez, asumió la tarea de ser director espiritual de Melania. Dos veces ella salió de su lugar en el extremo sur de Italia para volver como peregrina a la montaña de La Salette. En 1878 fue a Roma con la idea de fundar una Congregación Religiosa, y fue recibida en audiencia por el Papa León XIII. Su propuesta, sin embargo, nunca se llevó a cabo. En 1884 fue urgente a Corps porque su madre anciana estaba sola y necesitaba la ayuda de su hija. Ellas se trasladaron a Cannes y luego a Cannet, en el sur de Francia, donde su madre murió en 1890. Melania permaneció en Marseilles por dos años; después volvió a Italia.

De nuevo, en 1902, visitó La Salette, llegando a la montaña el 18 de septiembre. Los Padres Misioneros de La Salette ya habían abandonado el santuario debido a que el nuevo gobierno con sus leyes estaba expulsando a todos los religiosos de Francia. Un sacerdote diocesano, el Padre Bonnet, había aceptado voluntariamente la atención de este santuario. Fue él quien recibió a Melania y dejó asentado en los *"Annales"* una descripción interesante de su visita.

"Ella aceptó agradecida nuestra hospitalidad respetuosa y cordial y conversó largamente con nosotros sobre ese acontecimiento que todavía llena su memoria, su corazón y toda su vida".

La casa de Melania en Corps

No obstante sus setenta y un años de edad, sus ojos estaban claros y vivos como en el día de la Aparición; parecían reflejar todavía un rayo de esa luz milagrosa que los había iluminado el día de la aparición. Eran las nueve de la mañana y estaba todavía en ayunas después del largo viaje para subir la montaña desde Corps, pero ella no quiso quedarse sin la Santa Comunión: el Padre Bonnet entonces la guió por la sacristía a la Iglesia.

Toda la gente miraba a la pastorcita; mientras comulgaba, solamente el órgano rompió el silencio y el espíritu de reverencia. Todos se conmovieron al ver que la vidente de La Salette estaba ahí de rodillas haciendo su oración. Cuando terminó su acción de gracias y salió del templo, la muchedumbre la seguía y la rodeaba, pidiéndole que ella tocara artículos religiosos. Unos besaron sus manos. Claramente incómoda con estos gestos de respeto y todavía sin desayunar, Melania fue rápidamente al lugar mismo de la aparición y se arrodilló ahí para meditar en paz.

"Ese mismo día, en la misa principal, el rector del Santuario anunció que Melania, la única vidente que todavía vivía, relataría la historia de la Aparición por la tarde. Una gran muchedumbre con muchas ganas de escucharla se juntó en el lugar. De pie, cerca de la fuente milagrosa, describió lo que tantas veces en su vida había repetido y después respondió a todas las preguntas que le hicieron con una claridad de memoria que causó admiración. Los peregrinos escucharon con reverencia y muchos lloraron. Melania, cansada pero sin duda muy contenta de haber cumplido otra vez con su misión, volvió a Corps esa noche acompañada de su hermano. Volvió a subir la montaña el día siguiente para celebrar el aniversario; eran cincuenta y seis años de la Aparición. Sin embargo, cuando le pidieron nuevamente relatar la historia, su hermano cortésmente intervino haciendo notar que ella estaba tremendamente cansada. Por lo tanto, el Padre Vinois leyó a esa muchedumbre las palabras tiernas de Nuestra Señora. Después, Melania respondió a varias preguntas con sencillez y amabilidad. Cuando se retiró del santuario, la muchedumbre respetuosamente se abrió para dejarla pasar. De los mil peregrinos presentes, no se escuchó ni una voz ni un aplauso, pero estaban tremendamente marcados por el comportamiento religioso y recogido de Melania.

En el verano de 1904, Melania fue a Altamura, cerca de Bari, en el sur de Italia, aunque algunos amigos le habían exhortado a pasar su ancianidad en Corps. *"Ese también sería mi deseo"* respondió ella, *"pero en este momento lo que pasa con la religión en Francia me aflige tanto que creo que es mejor para mi prepararme para mi muerte entre los amigos que me recibieron en algunos de mis momentos más difíciles".*

En Altamura asistió cada mañana a la Misa y recibió la Santa Comunión y después tomó su desayuno en la residencia de Monseñor Cecchini, que siempre le demostró mucho cariño. Después volvía a su cuarto en meditación y oración.

El día jueves 15 de diciembre de 1904, ella no apareció en la Misa y el obispo mandó que fueran a ver qué pasaba. Forzaron la puerta de su cuarto y ahí encontraron a Melania muerta. Su cuerpo estaba extendido sobre el piso donde normalmente dormía; ya estaba fría. Había muerto, les parecía, el día anterior cerca de las tres de la tarde. *"Pero estaba siempre lista para la muerte"*, comentó un testigo, el P. Foy, O.P. El escribió en la revista del santuario en enero de 1905:

> *"Quien conoció a esa alma favorita de la Reina del Cielo, podía ver que su único vínculo con este mundo era un cuerpo débil ya desgastado por las llamas del divino Amor y por el fervor de sus penitencias".*

Monseñor Cecchini ofició los ritos solemnes del funeral donde participaron muchas personas. Fue enterrada en una tumba de una familia noble de esa ciudad y muchos van ahí para venerarla hoy en día como una gran servidora de Dios. "La ciudad de Altamura", concluyó el Padre Foy *"está alegre de poseer los restos de una hija santa y favorecida de María"*.

Por donde pasaba Melania siempre dejó una impresión de gran virtud, piedad, ternura y amor grande para la mortificación y la penitencia. Como Maximino, se mantenía admirablemente fiel a la aparición. Hasta el último, nunca dejó de hacer conocer el mensaje de María como le había sido encomendado. Y en cuanto a la aparición misma, nunca variaba su relato: siempre era el mismo. Monseñor Fava de Grenoble, escribiendo una carta a un diario que había dicho que Melania se había retractado, hizo esta declaración solemne: *"Hace dos meses que yo cuestioné a Melania en Castellamare y ella sellaría con su sangre el relato que siempre ha dado sobre la aparición y que siempre ha mantenido".*

Capítulo 13: La Peregrinación a través De Los Años

La Basílica de La Salette siendo contruida en la Montaña Santa

Año tras año la gente se aproximaba cada vez en mayor número a la Montaña Santa. La construcción de una iglesia más grande y permanente era absolutamente necesaria para acomodar a estos peregrinos. A ese fin, en 1852 Monseñor de Bruillard pidió a los devotos de Nuestra Señora en todos los países a contribuir generosamente. Como último gesto de su vida terrestre, Monseñor quiso dedicarle a la Virgen un memorial realmente digno de su visita misericordiosa. La respuesta fue excelente y el 25 de mayo de 1852, en la presencia de quince mil peregrinos, se puso la piedra fundamental de la futura basílica, beneficiándola con ritos solemnes e impresionantes. Fue Monseñor de Bruillard mismo el que presidió esta ceremonia, quién no obstante sus muchos años y frágil salud viajó desde Grenoble hasta La Salette. Por eso hoy se encuentra en esas montañas solitarias una iglesia espléndida como testimonio eterno de la devoción de los católicos de todos los países hacia la Madre de los Alpes.

Como un proyecto arquitectónico, dio a los constructores unas dificultades particulares. El material que se empleaba era en su gran parte un mármol negro no pulido que se sacaba de un costado de la montaña Gargas que está a plena vista de La Salette. Pero todas las otras cosas necesarias—andamios, herramientas, etc.

tenían que ser transportadas sobre mula desde Corps hasta ahí, una distancia de unos varios kilómetros, por caminos precarios y peligrosos. El costo de la construcción llegó a ser de casi tres millones de francos; en dólares unos setecientos mil. Para esos tiempos, era muchísimo dinero.

El edificio es grande, en estilo bizantino con sus capillas bien adornadas y dos torres cuadradas. Fue terminado en 1864. Puede acomodar a unas tres mil personas, pero muchas veces ha resultado demasiado pequeño para las grandes multitudes que se reúnen ahí en días de fiesta. El interior del templo ha sido remodelado en los últimos años, siempre buscando preservar su sencillez a la vez de acentuar su belleza. Además de las dos casas grandes antiguas que originalmente albergaron a muchos visitantes, hoy el santuario cuenta con unas instalaciones modernas para alojar y atender unos cuatrocientos peregrinos a la vez. Hay también la sala de audiovisuales, y la nueva capilla redonda, permitiendo actividades simultáneas en diferentes ambientes y lenguas. Estos avances físicos no le han quitado al santuario su calidad de lugar silencioso de oración y conversión.

El lugar mismo de la Aparición, en una quebrada pequeña cerca de la Basílica, está marcada por hermosas imágenes de bronce que representan los tres momentos principales de la aparición: la Madre que llora como primeramente fue vista por los niños, sentada, con el rostro escondido entre sus manos y en actitud de mucho dolor; después el "discurso", cuando la gran mensajera se comunicó con los dos testigos; y finalmente su regreso al cielo. Se construyó un Vía Crucis en ese mismo lugar donde había pisado la Bella Señora, según la descripción exacta de los niños. El Vía Crucis es una de las oraciones favoritas de los peregrinos.

Un ambiente de piedad profunda une a todos en un espíritu de recogimiento. No hay ningún pueblo, ni negocio cerca; en una palabra, no hay nada para distraer al peregrino de sus valiosos momentos de retiro. Es esto en particular lo que ha hecho de la peregrinación a La Salette una fuente valiosa de gracia y santificación personal para muchísima gente a través de los años. Por supuesto, lo que más atrae a los peregrinos, es el lugar mismo de la aparición. Ahí, cada día durante la temporada de junio a setiembre, un Misionero de La Salette, relata la conmovedora historia de la aparición. La gente escucha al Misionero mientras contemplan las tres imágenes de tamaño natural. Ahí también, en el lugar de la aparición, la gente pasa largas horas en oración, rezando su rosario o de rodillas, meditando silenciosamente. En la noche, debajo de las estrellas, todos participan de una procesión con antorchas que zigzaguea en el costado de la montaña mientras himnos fervorosos se unen con las campanas de las torres de la Basílica.

Roma Y La Salette

Creer en La Salette no es y nunca será dogma de fe. Así es con toda aparición aprobada. Son aceptadas y creídas porque llevan en sí mismas abundantes pruebas de su origen divino. Sin embargo, varios Papas han alentado la devoción a Nuestra Señora de La Salette.

Una vez que la devoción a Nuestra Señora fue autorizada por el Obispo de Grenoble, esa devoción recibió la bendición paternal del Papa Pío IX que había llegado a ser Papa unos pocos meses antes que ocurriera la Aparición. Poco después de la publicación doctrinal de Monseñor de Bruillard, su Santidad derramó privilegios y favores espirituales sobre el santuario, los peregrinos, los Misioneros de La Salette y los miembros de la nueva Archicof radía de Nuestra Señora de La Salette.

En 1879, el Papa León XIII, concedió dos grandes favores a la devoción saletense. Por un decreto del 25 de enero de ese año, dio el título de "Basílica Menor" al santuario que se había erguido en la montaña, y decretó que en su nombre, la imagen de Nuestra Señora de La Salette podía ser coronada solemnemente. Por lo tanto, la iglesia fue consagrada el 20 de agosto de 1879 por el Arzobispo Pierre-Antoine-Justin Paulinier (1815-1881). El día siguiente, 21 de agosto, su Eminencia, el Cardenal Guibert, arzobispo de Paris, actuando como representante personal del Santo Padre, coronó a la imagen de Nuestra Señora de La Salette en la presencia de diez arzobispos, obispos, mil sacerdotes y una enorme concurrencia de unos veinte mil peregrinos.

Varios Papas han mostrado interés en La Salette concediendo favores espirituales e indulgencia en honor a la Madre que llora. El Papa Benedicto XV declaró en una ocasión al Superior General de los Mis-

Coronación solemne de la estatua
de Nstra. Sra. de La Salette

ioneros de La Salette: *"la devoción a Nuestra Señora de La Salette debe ser transmitida y conocida por todo el mundo, porque es una devoción que va directo al corazón"*. El Papa Pío XI también concedió preciosas indulgencias a la invocación y a la oración *"Acuérdate Nuestra Señora de La Salette"*. En nuestros tiempos, el Papa Juan Pablo II ha nombrado a Nuestra Señora de La Salette varias veces en sus prédicas. En 1996, ocasión del aniversario de los 150 años de la aparición, el Papa envió una carta al Obispo de Grenoble, expresando los siguientes sentimientos:

"A Monseñor Louis Dufaux, Obispo de Grenoble

"La diócesis de Grenoble, los Misioneros de La Salette, y numerosos fieles en el mundo celebran este año los 150 años de la aparición de la Santísima Virgen María en ese lugar de los Alpes de donde su mensaje nunca ha dejado de brillar. Tal conmemoración contiene muchas bendiciones; yo también quiero celebrarla uniéndome a los peregrinos que veneran a la Madre del Señor bajo su título de Nuestra Señora, Reconciliadora de los pecadores".

El Centenario De 1946

Incluso con el paso de muchas generaciones desde la visita de María, La Salette, lejos de ser simplemente un acontecimiento pasado, ha permanecido como una realidad maravillosamente viva. Esto se mostró elocuentemente con motivo del centenario de la Aparición, durante el verano de 1946. En preparación para esa celebración, se formó un Comité Nacional en Francia para organizar Congresos y Peregrinaciones Marianas a los muchos y célebres Santuarios de Nuestra Señora. El presidente de este Comité es tradicionalmente el obispo de Chartres, ya que se cree que esta ciudad histórica posee el monumento más antiguo dedicado a la Santísima Virgen.

Se decidió que estos Congresos nacionales tendrían lugar cada cuatro años. El cuarto Congreso se celebró en el Santuario de Nuestra Señora de Boulogne en 1938, y en esa ocasión el Obispo Caillot de Grenoble y el P. Etienne-Xavier Cruveiller, M.S., Superior General de los Misioneros de La Salette, solicitó que el próximo Congreso Mariano se celebre en Grenoble y en el Santuario de La Salette, para conmemorar con mayor solemnidad el centenario de la Aparición.

El Comité aceptó con gusto y, a pesar de los obstáculos de todo tipo ocasionados por la Segunda Guerra Mundial, resolvió celebrar el Congreso en el verano de 1946. Ya en 1943, el obispo Raoul Harscouët (1874-1954) de Chartres se dirigió en una carta al Papa Pío XII para familiarizarlo con el ambicioso proyecto y pedirle su bendición paterna. El Santo Padre, respondiendo a través de su secretario de Estado, el cardenal Maglione, se declaró muy complacido y consolado ante la perspectiva. "Esta noticia", decía en parte la carta, "era para Su Santidad, aún en medio de los terribles disturbios de una guerra que aflige a Su corazón paternal, motivo de verdadera alegría y esperanza sobrenatural. De igual modo, Francia, 'el reino de María', pese a los sucesos actuales, se unirá para celebrar el centenario de la aparición de La Salette y reavivará su piedad filial hacia su augusta protectora; y, sin duda, muchas gracias serán reservadas para ella en esa ocasión..."

La preparación del Quinto Congreso Mariano, que coincidió con el centenario de la Aparición, comenzó así con mucha antelación y se llevó a cabo incluso durante la guerra. De hecho, la oportunidad de combinar los dos eventos fue tan convincente que inspiró a los miembros del Comité con tanta tenacidad como celo para hacer frente a los problemas relacionados con la comida, el alojamiento y el transporte de muchos miles de peregrinos.

¿Qué podría ser más apropiado que asociar en una magnífica con-

Imagen de Maria, co-redentora, para la celebración del 100 aniversario

memoración el misterio del sufrimiento revelado por la Virgen en la montaña y la doctrina católica de la Co-redención de María, que debía ser el tema central del Congreso?

¡Cien años! Después de todo, no fue un período de tiempo tan largo, no mucho más largo que el lapso de una vida humana, tan corto cuando se lo ve desde la perspectiva de la historia y la eternidad. Habían transcurrido cien años desde el gran Evento, pero aún había personas que vivían y conocían a los testigos, por lo que el evento todavía parecía de ayer. Esta Visión de la luz había revolucionado innumerables vidas y se había abierto camino en el mundo durante estas diez décadas. . . Y así, una legión de devotos de Nuestra Señora se encontraron un siglo más tarde cara a cara con el Evento y con todo lo que había puesto en marcha, preguntándose cuál era la mejor forma de celebrarlo, ya que en las crónicas de la humanidad un centenario siempre requiere una conmemoración adecuada. .

El sitio de la Aparición había conservado providencialmente su exquisita belleza y simplicidad, aunque era relativamente difícil de alcanzar. De hecho, se había trazado un camino para los peregrinos que, desde los primeros días posteriores al milagro, llegaron a venerar la escena sagrada. Pero, aunque se amplió y niveló considerablemente, este camino montañoso se mantuvo como algo arriesgado y aventurero para los miles que hacían el ascenso en autobús, automóvil o caminando.

Una imponente Basílica se había erigido a un gran costo y con mucho trabajo para que personas de todas las edades celebraran la visita de la Reina del Cielo, pero a menudo resultaba insuficiente para albergar a las grandes multitudes que invadirían la Montaña Santa durante el verano de 1946. Un albergue, lo suficientemente grande como para acomodar a 800 peregrinos, fue construido junto a la Basílica, y hay una comunidad de Padres y Hermanas Misioneras de La Salette que dan la bienvenida a los visitantes y ayudan a hacer que su estadía sea placentera e inspiradora.

Pero, incluso después de cien años y haber añadido muchas comodidades, la peregrinación ha conservado su atmósfera original y penitencial. El silencio y el paisaje austero todavía invitan a los seguidores de María a ese espíritu de oración y meditación que, a través de la sumisión dócil a la voz de la gracia, transforma el alma e imparte un fervor genuino.

Dos años y medio antes de la apertura de las festividades del Centenario, las Crónicas del santuario lanzaron una cruzada espiritual entre sus suscriptores como preparación para el evento, y la respuesta fue entusiasta. Una serie ininterrumpida de rezos del Ave María y rosarios comenzó entre los laicos, y a sus súplicas se unieron varias órdenes religiosas. A los niños también se les pidió la limosna de sus pequeños sacrificios, mientras que los enfermos y hospitalizados donaron alegremente el oro de sus sufrimientos. Tal generosidad ya aseguró el éxito del Congreso Mariano.

Y este inmenso grupo reunido bajo la bandera de la Cruz, pero que sería algo más que un símbolo. Habría catorce cruces reales, de madera y pesadas sobre los hombros de los intrépidos peregrinos del centenario de Nuestra Señora. Ningún gesto podría testificar más elocuentemente la vitalidad espiritual y el vigor juvenil de la devoción a la Madre Llorosa de La Salette.

Como preparación adicional, unos quince libros diferentes escritos por destacados autores franceses se dedicaron a la Aparición y formaron importantes estudios históricos, apologéticos y devocionales del Evento, mientras que treinta y cuatro de las figuras literarias más ilustres de Francia contribuyeron con artículos en homenaje a Nuestra Señora de La Salette, formando un hermoso simposio titulado *Temoignages d'Ecrivains (Testimonios de los escritores)* (Bloud et Gay, París, 1946). La radio, el teatro, las películas y las conferencias también ayudaron a dar una amplia publicidad centenaria.

El ascenso de peregrinos a la Montaña Sagrada duró cuatro meses, de junio a septiembre de 1946. El 4 de julio se celebró el Día de los Niños en Grenoble. El 15 de agosto estuvo marcado por la visita del Nuncio Apostólico al Santuario, (Roncalli). Las sesiones del Quinto Congreso Mariano (Revestida María como Co-Redentora) se llevaron a cabo en Grenoble del 2 al 7 de septiembre. Y el 19 de septiembre de 1946, fue el día de aniversario de la Aparición. Estas serían las fechas memorables del centenario de La Salette en Francia.

Apenas se derritió la nieve, empezaron a llegar las primeras caravanas, y pronto la multitud fue tal que el número de personas permitidas en el Santuario, en cualquier momento, tuvo que ser limitado. Llegó un sacerdote con 200 feligreses; "Habríamos sido mil", dijo a los Misioneros de La Salette, "si no nos hubieran racionado". Incluso los niños menores de diez años escalaron alegremente las largas siete u ocho millas que conducían a la montaña desde Corps al Santuario.

Las personas más jóvenes a menudo renunciaron a los alojamientos que habían reservado hacía muchos meses, para que las personas mayores y los enfermos pudieran disfrutar de un poco de consuelo durante su estancia. Tal espíritu de sacrificio y caridad fraterna ha sido siempre un rasgo característico de esta peregrinación y una razón por la que muchos la tienen en especial predilección.

El Día de los Niños

La ciudad de Grenoble, entonces con una población de unas 90,000 personas, inauguró su ciclo de ceremonias oficiales el 4 de julio con un Día de los Niños que reunió en el estadio municipal a unos 10,000 jóvenes. Fue espléndido no solo en sus manifestaciones externas, sino también, y especialmente debido a los meses de preparación espiritual que los niños llevaron para esa fecha memorable.

Muchos de ellos compitieron en narrar y dramatizar la Aparición, y fue inspirador ver cuán seria y piadosamente representaron cómo se mostró la Bella Dama a dos niños sencillos e inocentes como ellos. Demostraron que incluso sus pequeños corazones fueron penetrados con la profunda importancia del mensaje de María.

Durante la solemne misa, se anunció la maravillosa extensión de la preparación espiritual que los niños de Francia habían llevado al Congreso Mariano y a Nuestra Señora de La Salette: 74,000 comuniones, 330,000 sacrificios, 2,000,000 de Ave María. Y en ese glorioso día de los niños, se necesitaron veinticuatro sacerdotes para distribuir la Santa Comunión. Por la tarde, el mismo estadio presenció la solemne promesa de los niños a la Madre Llorosa de La Salette "para convertirse en los pequeños sembradores de estos preciosos granos que son la buena voluntad, la ayuda mutua, la caridad, el espíritu de sacrificio y el gozo santo".

De este modo, los niños de Francia inauguraron apropiadamente el ciclo de las Ceremonias del Centenario en Grenoble, ya que sería el turno de los enfermos y hospitalizados para acercarse a La Salette el 19 de septiembre, con el precioso regalo de sus sufrimientos por la redención de un mundo pecador. Entre estas dos fechas, la afluencia de peregrinos a Grenoble y el ascenso de muchos de ellos a la Montaña Sagrada continuaron sin cesar.

La Montaña Magnética

El entonces obispo Joseph-Marie-Eugène Martin de Le Puy-en-Velay (1891-1976) hizo el ascenso al santuario alpino a pie, cargando su mochila en la espalda y precediendo a su clero y miembros de su diócesis a lo largo de los escarpados zigzagueantes caminos de la montaña. Pocas horas después, el obispo de Marsella se adelantó a sus sacerdotes, seminaristas y laicos. Fue conmovedor ver a estos venerables prelados de la Iglesia ascendiendo como simples peregrinos, escuchando la narración de la Aparición y rezando las cuentas del Rosario con la multitud.

El Nuncio Apostólico, Obispo Angelo Roncalli, el futuro Papa Juan XXIII, celebrando la misa el 15 de Agosto de 1946 para el Aniversario 100 de la Aparición de La Salette

Los peregrinos tampoco olvidarán la ordenación del 14 de julio de 1946, cuando el obispo auxiliar de Grenoble ordenó al sacerdocio a varios seminaristas de la Congregación de La Salette. Siguió una procesión impresionante, con el Santísimo Sacramento a lo largo de los lados del Monte Gargas y los nuevos ordenados resaltaban con sus casullas blancas entre los miles de peregrinos.

Las peregrinaciones que llegaron de París recordaron oportunamente que La Salette estaba en el origen del actual Movimiento Nacional de Peregrinación; porque fue Abbé Thedenat de París quien, en 1872, dio el primer impulso a esa gran empresa espiritual al organizar y dirigir la primera peregrinación nacional moderna a Ars y a la Montaña Santa. Desde toda Europa y más allá de los mares, los peregrinos continuaron invadiendo el Santuario de María.

El Nuncio Apostólico, Obispo Angelo Roncalli, el futuro Papa Juan XXIII, celebrando la misa el 15 de Agosto de 1946 para el Aniversario 100 de la Aparición de La Salette

La Salette fue en verdad y utilizando la expresión del escritor francés Stanislaus Fumet, "la montaña magnética", que atraía más y más, según el paso de los años a los pecadores arrepentidos, de corazones vacilantes, y a la élite que aspira a convertirse, en unión con Nuestra Señora Reconciliadora, víctimas del amor expiatorio por la salvación y reconciliación del pueblo de María.

El Nuncio Apostólico en La Salette

En agosto, un ilustre peregrino llegó a Francia, en la persona de Su Excelencia el Obispo Roncalli, Nuncio Apostólico del Papa, a tiempo para presidir la espléndida fiesta de la Asunción. Interrumpió su ascenso en La Mure, no lejos de Corps, para visitar el lugar de nacimiento de San Pedro Julián Eymard, fundador de los Padres del Santísimo Sacramento y un ardiente apóstol de Nuestra Señora de la Salette. Las multitudes aclamaron al prelado visitante tan pronto como llegó a la explanada de la Gruta, acompañado por el anciano Obispo Caillot de Grenoble y otros dignatarios, mientras que la gran campana de la Basílica sonó para dar la bienvenida.

Durante su estancia, el Obispo Roncalli comentó con placer la austera majestad de este "lugar elevado" y espiritual. Presidió la misa principal y la procesión al aire libre. En su respuesta al discurso de bienvenida del Obispo Caillot, el Nuncio Apostólico destacó cuán oportunas y en tiempo fueron las lecciones impartidas por la Virgen de La Salette y, en su calidad de Decano del Cuerpo Diplomático en Francia, expresó la ferviente esperanza de que los jefes de estado del mundo, entonces reunidos en París, olvidarían sus diferencias pasadas para establecer la paz en esa atmósfera religiosa genuina que solo podía garantizar su permanencia.

Las personas continuaron llegando, sin dejarse desalentar por las dificultades de transporte, los altos precios o la escasez de alimentos en la Europa de la posguerra. Era imposible hacer reservas, y los peregrinos tenían que salir al azar, trayendo sus propias camas y provisiones. Se demostraron a sí mismos, ser dignos descendientes de los primeros grupos de peregrinos, los de la época heroica.

Imbuidos de tal espíritu, las multitudes descendieron más felices y mejores. De hecho, ellos mismos, además de todas las inevitables privaciones e incomodidades que tuvieron que soportar, voluntariamente se impusieron otras más. Muchos subieron descalzos los caminos pedregosos de la montaña, rezando todo el tiempo. Un grupo de jóvenes seminaristas hizo un viaje de 200 millas a La Salette en bicicleta. Ese año marcó el peregrinaje número cincuenta y dos de una dama a la Montaña Santa, y uno de un anciano de setenta y cuatro años que había viajado desde Marsella a pie, quien lloró de alegría al llegar al Santuario. Así, la montaña magnética continuó atrayendo a personas de todos los ámbitos de la vida, incluso mientras en Grenoble se estaban abriendo las sesiones del Quinto Congreso Nacional Mariano.

Entre las distinguidas personalidades presentes se encontraban el cardenal Pierre-Marie Gerlier (1880-1965), arzobispo de Lyon, otros veinte arzobispos, obispos y abades con sus mitras y aproximadamente 400 sacerdotes. Destacados teólogos se dirigieron a las sesiones de la mañana, mientras que las tardes se dedicaron a conferencias en La Salette.

Algunos de los artículos leídos por jesuitas, dominicos, redentoristas, padres misioneros de La Salette y otros contribuyen de manera importante a la mariología. Un punto culminante del Congreso fue un telegrama del Papa Pío XII, enviando sus mejores deseos, declarándose presente espiritualmente en las sesiones en Dauphiny, y rezando "para que el Reconciliador de los pecadores celestial obtenga del Sagrado Corazón esa efusión de gracias que puede inaugurar una paz digna y verdadera."

6 de septiembre, El Gran Día de Reparación

Las sesiones de estudio, por esclarecedoras e inspiradoras que fueron, no representaron la suma total del Congreso. La apoteosis se alcanzó con una jornada de reparación, el 6 de septiembre. Los organizadores del Congreso planearon no una manifestación ruidosa y pomposa, sino más bien un acto público de fe con el estadio municipal como escenario imponente. A los enfermos y hospitalizados se les dieron lugares de honor y fueron llevados al estadio en camillas y en sillas de ruedas.

La alta estatua de Nuestra Señora de La Salette fue acompañada por una escolta y entronizada en una plataforma central para recibir el homenaje de todas las otras "Vírgenes" históricas de Francia. Las diversas estatuas de la Virgen, algunas de ellas, fechadas de la Edad

Media, fueron llevadas por los terrenos del estadio, acompañadas por mujeres jóvenes que vestían los trajes característicos de las diferentes regiones de Francia representadas por la estatua.

Frente a cada grupo se llevaba una pesada cruz de roble, de unos doce pies de altura; había catorce en total, representando las catorce estaciones de la cruz, con una provincia asignada para cada estación. Estas cruces se habían llevado a pie desde los rincones más lejanos de Francia. Nuestra Señora se había dirigido a sí misma "a toda su gente", y cien años después, fue prácticamente toda su gente la que respondió a su llamado maternal a la oración y la penitencia, al ofrecer sus hombros al sufrimiento de donde viene la salvación. Al día siguiente, estas catorce cruces, junto a una decimoquinta ofrecida por Grenoble, se erigirían a lo largo de la ladera de la montaña de La Salette como recordatorios duraderos del Centenario.

7 de septiembre: Congreso Mariano en La Salette

El último gran evento del Congreso fue la peregrinación a la Montaña Santa, el 7 de septiembre. Largas filas de automóviles comenzaron la subida empinada, mientras que los camiones ornamentados llevaban las estatuas de la Madona y catorce cruces, y los peregrinos que la escoltaban alternaban las oraciones y el rosario con el canto de himnos. A medida que las multitudes, en la etapa final de su viaje, comenzaron el ascenso a pie y en automóvil desde el pueblo de La Salette al Santuario, se desarrolló un episodio que formó quizás el clímax espiritual de las conmemoraciones del Centenario.

Las catorce cruces de madera habían sido colocadas en la iglesia de la villa de La Salette, y ahora peregrinos de diferentes partes de Francia se adelantaron para cargarlas en sus hombros y comenzar el lento y agotador ascenso penitencial. Grupos de cuatro o cinco se alternaban con sus pesadas pero preciosas cargas y cada grupo estaba acompañado por un sacerdote que dirigía el rezo de las oraciones.

Cuando se alcanzó el punto marcado para una estación dada, cada 300 yardas, la procesión se detuvo mientras el enérgico Obispo Paul Richaud (1887-1968) de Laval comentó elocuentemente sobre el significado de la estación. Sacerdotes y laicos, hombres y mujeres se mostraron ansiosos por compartir estos símbolos de la pasión y muerte de nuestro Señor. Como un acto de penitencia adicional, muchos de los peregrinos caminaron descalzos por el camino pedregoso de la montaña durante la procesión de tres horas.

Interior de la Basílica en la Montaña Santa, La Salette, Francia

Cuando llegaron, cansados pero alegres, al lugar de la Aparición, algunos se quedaron en ayuna para poder recibir la Sagrada Comunión en la Basílica. No fue solo un grupo de jóvenes robustos quienes lograron esta hazaña; entre ellos se encontraban personas de edad avanzada y otras no acostumbradas a viajes tan agotadores. Sin embargo, en cada grupo "reinaba la caridad más perfecta", comentó un peregrino; "Cada uno quería ayudar a su vecino, animarlo y compartir la carga de la gran cruz sin pensar en su propia fatiga". Otro peregrino describió así sus impresiones:

"Cuando fuimos a tomar las cruces en la pequeña iglesia del pueblo, nos pareció que llevábamos con nosotros los pecados de nuestros hermanos incrédulos y de los católicos no practicantes, por cuyo bien la Santísima Virgen vino de manera especial a La Salette. Todos los peregrinos ofrecieron alegremente los cortes y moretones que recibieron de las piedras afiladas y el peso de las cruces de roble sobre sus hombros. Una inmensa atmósfera de caridad irradió de este camino de la cruz. Lo logramos con un espíritu de la unión

147

con María, reconciliadora de los pecadores, y la penitencia, la oración y el amor parecían ser la consigna de los peregrinos".

Una Noche de Oración

Tal era el fervor de la multitud que muchos deseaban pasar la noche en oración. Primero, estaba la tradicional procesión bajo las estrellas, los puntitos iluminados llevados por los peregrinos formando largas cadenas de fuego que rodeaban la montaña dormida. De vuelta en la Basílica, la gente apenas podía encontrar espacio para estar de pie, tal era el continuo flujo de personas. Esa noche los peregrinos se vieron a sí mismos como monjes.

Un talentoso joven laico había traducido al francés, cánticos gregorianos, los Maitines y Laudes de los nuevos Oficios en honor de Nuestra Señora de la Salette, aprobados por Roma, y se pusieron a disposición de los fieles presentes en su folleto. La Basílica de pie ante la multitud, dirigió el canto y la gente así guiada cantó con entusiasmo el sagrado oficio.

Mientras tanto, se escuchaban confesiones en cada espacio y rincón disponible e incluso afuera, donde, aún sin respeto humano, hombres jóvenes y viejos se congregaban alrededor de los sacerdotes. A medianoche, un obispo cantó la Gran Misa pontificia, mientras que en la explanada de las afueras, un Vicario General ofreció el Santo Sacrificio para aquellos que no podían acceder a la Basílica.

Fue inspirador presenciar la fe simple e inalterada de la multitud, que había ascendido a esta región desértica con el único deseo de honrar a Nuestra Señora y sin preocuparse por la comida y el alojamiento; esa fe que los llevó a permanecer de pie durante horas en la Basílica congestionada, rezando todo el tiempo en un ferviente aliado.

Después de la medianoche, las 250 Misas de los sacerdotes presentes se sucedieron en los muchos altares laterales (interior de la iglesia con altares). Para la mayoría de los peregrinos, las horas de reposo debían ser breves; parecían ansiosos por no dejar escapar la gracia durante su corta estadía en el santuario elegido por María. Aquellos que, vencidos por la fatiga, decidieron tomar algunas horas de sueño, lo hicieron donde pudieron, envueltos en mantas y tendidos en los pasillos del albergue o al aire libre en la ladera de la montaña, o incluso en la Basílica.

Como en el momento de las grandes invasiones de la temprana historia francesa, fue en la iglesia de Dios y en el claustro de los monjes que esa noche la gente encontró asilo y refugio.

8 de septiembre: Clímax del Centenario

Ya al amanecer del 8 de septiembre, fiesta de la Natividad de María, se podían ver grupos arrodillados ante la imagen de la Aparición en meditación y oración, que parecían tan inmóviles como las estatuas de bronce que contemplaban. A medida que el sol salía, había ruido y bullicio de nuevo en la explanada y primero en el programa había una majestuosa procesión a los lados del Monte Gargas, liderada por las Madonas de Francia y su pintoresca comitiva con sus brillantes trajes y tocados provinciales. El arzobispo de Aix finalizaba el largo y curveado cortejo.

A su regreso a la explanada, el cardenal Pierre-Marie Paul Gerlier (1880-1965) comenzó la misa pontificia solemne, celebrada en un altar erigido en una plataforma frente a la Basílica, y transmitida a través de una emisora nacional bajo la dirección de Padre Avril, OP a los obispos, clérigos y dignatarios cívicos se les asignaron lugares alrededor del altar, mientras que unos 10.000 peregrinos se acomodaron en escalones en las laderas de las montañas cercanas.

Una vez más, fue necesario que permanecieran de pie durante largas horas en una pendiente empinada, expuestos al calor del sol y los fuertes vientos. Pero no importó; Aquí Nuestra Señora habló de la penitencia, y la penitencia se practicó en La Salette tan naturalmente como la oración. Ese mismo día se congregaron en Lourdes unos 60.000 ex prisioneros de guerra franceses y ex deportados en una peregrinación masiva de Acción de Gracias, y en el extremo opuesto de Francia, de este nuevo Sinaí que es La Salette, surgió de muchos corazones el precioso incienso de oración y sacrificio corpóreo.. No era de extrañar que el Santo Padre, el Papa Pío XII, tuviera tan altas esperanzas de un renacimiento espiritual de esa gran nación.

Al comienzo de la misa, el obispo Caillot de Grenoble, dirigiéndose a la vasta asamblea, expresó los sentimientos de gratitud hacia Dios y Nuestra Señora por el maravilloso éxito de estas festividades del centenario, y agradeció a los dignatarios por su presencia. En el Evangelio fue el turno del Cardenal Gerlier de responder y afirmando su alegría por haber pasado la fiesta de la Natividad en la Montaña Santa, se centró en las lecciones prácticas que se pueden extraer de estas grandes festividades.

"La suya es una asamblea impresionante", declaró el eminente orador, "usted es una asamblea de la Francia cristiana, pero no es solo Francia la que está representada aquí, sino la Iglesia misma, porque el Papa se dignó informarnos que él está con nosotros en espíritu en el homenaje que le rendimos a María. ¿Qué espera la Santísima Virgen de nosotros? ¿Qué es lo que Francia y el mundo esperan de los cristianos de hoy? Una civilización se está desmoronando: el mundo que conocemos está a punto de desaparecer. Lo escuchamos romperse bajo nuestros pies, mientras una filosofía de desesperación se extiende al extranjero. ¡Ha llegado la hora de los hermanos Cristianos!"

"Debemos desterrar la raza de aquellos deplorables cristianos que llevan la máscara de un cristianismo muerto; ¡El cristianismo auténtico solo salvará al mundo! Lo que Nuestra Señora de la Salette quiere de nosotros es más oración y mayor pureza. Disipemos esa ola de inmoralidad que está destruyendo familias, drenando las fuentes de la vida y llevando a Francia a su muerte. También se necesita más caridad, esa caridad activa que no descuida ninguna de las exigencias de la justicia social, que se gasta no solo en los que nos aman, sino también en los que nos odian.

"Hace unos cincuenta años, un estadista francés declaró desafiante a sus oponentes: '¡Amontona tus insultos y calumnias todo lo que desees, nunca alcanzarán la altura de mi desprecio!' Esa fue la respuesta de un pagano. Para nosotros, los católicos, la respuesta a nuestros enemigos debe ser: '¡Amontonen sus insultos y calumnias, nunca igualarán la altura de nuestro amor por usted! Tal caridad a menudo exigirá sacrificios, pero nada grande se logra sin sacrificio".

"Nuestra Señora de la Salette", exclamó el cardenal en conclusión, "mira a esta multitud que está arrodillada ante ti y concede a cada uno la gracia de respetar siempre el nombre de Dios y otorgarle todo el ideal de una caridad radiante. Hoy, como ayer, el único Salvador es Jesucristo. ¡Que sus discípulos se encuentren en las primeras filas en la tarea de reconstruir el mundo!"

Al final de la misa, Su Eminencia impartió la bendición papal. Luego, uno de los peregrinos, arrodillado ante el altar al aire libre, leyó una consagración de todas las familias francesas al Sagrado Corazón. Más de un millón de familias han repetido desde entonces esa consagración en varios santuarios marianos en Francia.

Por la tarde hubo un solemne Te Deum de acción de gracias cantado por todos los presentes en la Montaña Santa, después de lo cual el Cardenal Gerlier regresó a Grenoble y abordó un avión para Lourdes, donde la peregrinación de miles de ex prisioneros de guerra y deportados esperaba su llegada. Así, como verdadero Caballero de Nuestra Señora, en el espacio de unas pocas horas, celebró sus glorias en dos de los santuarios más hermosos que ella misma eligió en su Reino de Francia.

Capítulo 14: *Los Misioneros de La Salette*

Primeras cabañas de tablones en la Montaña Santa en 1847-1848

La Congregación religiosa de los Misioneros de Nuestra Señora de La Salette es una de las pocas congregaciones de la Iglesia que lleva el nombre de una aparición Mariana a la cual se debe tanto su origen como su meta. La congregación es un testimonio elocuente de la milagrosa aparición y permanece como garantía de la realidad y eficacia de ella. Un obispo de Bélgica comentó hace unos años a un sacerdote de La Salette: *"Para mí la prueba más grande de la aparición es tu congregación"*.

Pero aunque el instituto deriva su origen de esa visita celestial, no surgió tan de repente como la fuente de agua. Tampoco la Virgen habló explícitamente de la congregación; más bien ella había venido principal y expresamente para el beneficio de todo su pueblo católico, a quién dirigió ciertos reproches amargos y para quién ella dio la instrucción final: *"Bueno hijos míos, lo harán conocer a todo mi pueblo"*. Pero ¿cómo podrían responder dos niños ignorantes? ¿Cómo podrían dar a su mensaje grave y urgente, toda la difusión que merecía? Claramente harían falta otras personas para afirmar y defender la fidelidad heroica de los niños a su misión. Harían falta apóstoles más capaces y numerosos para anunciar este acontecimiento luminoso y difundir las enseñanzas que brotaron de él.

La Santísima Virgen entonces, previendo en la distancia un ejército futuro de sus propios misioneros, dirigió sus últimas palabras a las montañas mismas. Mirando más allá de los dos testigos, repitió una segunda vez: "Bueno hijos míos, lo harán conocer a todo mi pueblo".

En mayo de 1852 Monseñor de Bruillard anunció que iba a comenzar la construcción de un nuevo santuario. También dio a conocer que había recién establecido un grupo de misioneros que iban a estar encargados muy especialmente del ministerio conectado con este nuevo santuario. Dijo: *"por más importante que sea la construcción de un santuario, hay algo todavía más importante: es decir, los ministros de la Santa Religión designados a cuidar este santuario, a recibir los peregrinos piadosos y predicarles la Palabra de Dios. Estos sacerdotes se llamarán Misioneros de Nuestra Señora de La Salette. Su institución y existencia será como el santuario mismo un monumento eterno, un recuerdo perpetuo de la aparición misericordiosa de María".*

El obispo, que tenía entonces ochenta y seis años de edad, concluyó con gran emoción: *"este cuerpo de Misioneros es el sello que deseamos poner sobre todas las obras que, por gracia de Dios ha sido nuestro privilegio establecer. Es la última página de nuestro testamento, es lo que dejamos como herencia a nuestra querida diócesis. Queremos vivir de nuevo en medio de ustedes, queridos hermanos, a través de estos santos varones".*

Los Pioneros

Respondiendo a la invitación del obispo, algunos sacerdotes de gran celo apostólico comenzaron a vivir en la montaña. Las dificultades de ese ambiente austero eran muchas. Vivían en una choza de madera cubierta con techo de paja, construida cerca de la cruz de la capilla primitiva. Su habitación era combinación de cocina, comedor, sala de estar, de estudio y dormitorio. Era pequeñita, pero de igual forma fue puesta a disposición de los peregrinos.

La vida diaria de estos primeros Misioneros de La Salette era la vida de ermitaños en el desierto, pero cuando los visitantes comenzaron a invadir la montaña, con mucha alegría sacrificaron la comodidad de este ambiente rústico para dedicarse día y noche en atender las necesidades más básicas de la muchedumbres que se reunió allí.

Organización Inicial

Estos párrocos ahora eran misioneros. Tenían que formular reglas y no fue cosa fácil. La organización inicial e interior de esta nueva sociedad fue un problema tan grande como la vida misma en la montaña. Gradualmente, sin embargo, con mucha oración y un estudio diario del mensaje saletense contemplaron el misterio de la Madre que llora. Estos Misioneros de La Salette, los pioneros, se convencieron que tal mensaje no debe limitarse a una sola diócesis, sino que estaba destinado a todo el mundo cristiano. Por lo tanto se inclinaron instintivamente hacia la Vida Religiosa como el medio más adecuado de vivir las enseñanzas de La Salette y de predicar esas enseñanzas a otros.

En 1858 los primeros seis misioneros se consagraron a Dios tomando los primeros votos como religiosos. La ceremonia se llevó a cabo en la casa Episcopal de Grenoble, el 2 de febrero, a cargo de Monseñor Ginoulhiac. La fecha fue escrita en letras de oro en la primera página del Registro de profesiones saletenses.

Padre Sylvan-Marie Giraud, M.S.

(izq.) Padre Sylvain-Marie Giraud, M.S. (1830-1885)
y Padre Pierre Archier, M.S. (1815-1899)

Ese mismo año, llegó a la puerta de los Misioneros un nuevo miembro de alta distinción: el Padre Sylvan-Marie Giraud (1830-1885), un joven sacerdote del sur de Francia, ya muy conocido como un gran predicador y director espiritual. Fue guiado providencialmente a La Salette para proveer a ese joven grupo un ejemplo de Vida Religiosa. Como misionero, predicó numerosos retiros y escribió muchos volúmenes sobre la espiritualidad.

La Profecía De San Juan Vianney

Los primeros integrantes de este pequeño grupo provenían del clero diocesano, pero era necesario encontrar otra fuente de vocaciones. ¡Hubo mucho trabajo para estos misioneros! Como solución se abrió un seminario saletense en 1876. Allí se prepararon a jóvenes para la vida de sacerdotes en la nueva Congregación. El número de seminaristas creció rápidamente, dando así cumplimiento inicial a la profecía del santo de Ars, San Juan Vianney. Era el Padre Ar-chier que había recibido aquella profecía. El Padre Archier relataba a los seminaristas:

"En octubre de 1856 o 1857, volviendo de un retiro, tuve la oportunidad de pasar cerca de la ciudad de Ars y quise ver al santo sacerdote de quien todo el mundo hablaba. Me recibió en la sacristía con una amabilidad incomparable y sin conocerme (porque creo que nadie sabía de mi llegada), inmediatamente me dijo: Tú eres un Misionero de La Salette. La Salette ya está haciendo mucho bien, pero va a hacer mucho más todavía y más tarde va a hacer aún más. La Santísima Virgen te va a dar una obra grande y hermosa para comenzar. La trabajarás siempre con mucho valor, va a crecer y un día tus sucesores van a tener miembros en todos los países del mundo".

"Al principio", dijo el Padre Archier, *"yo pensé que él hablaba de nuestra comunidad de sacerdotes misioneros, pero más tarde no podía explicarme la referencia de un trabajo a comenzar. Fue solamente más tarde, mis queridos seminaristas, que entendí que el santo de Ars quiso decirme que la Santísima Virgen estaba ya pensando en ustedes".*

Por veinticuatro años esa comunidad quedó como una Congregación diocesana bajo la autoridad del obispo de Grenoble observando reglas provisionales. Sin embargo, en 1876, las amplias actividades de la Congregación fueron reconocidas por la Santa Sede. Entonces la comunidad pasó de la autoridad del obispo local a la autoridad del Papa, con Constituciones más elaboradas. En 1926 el Papa Pío XI dio aprobación definitiva a las Constituciones de los Misioneros de La Salette.

Persecución Y Exilio

La Congregación ya había alcanzado un crecimiento maduro en 1900, cuando estalló una persecución religiosa en Francia que amenazaba con controlar su expansión por completo. Siguieron años de ardua lucha, pero finalmente fue un período de gran desarrollo para la Comunidad.

Cuando las fuerzas reprimidas del anticlericalismo se desataron contra todas las Órdenes Religiosas en Francia, los Misioneros no tuvieron otra alternativa más que partir inmediatamente de su amado país o sufrir una completa dispersión y extinción en poco tiempo. Los Superiores de La Salette y sus súbditos se desplazan por lo tanto, a tierras extranjeras pero más hospitalarias; nombrando a, Bélgica, Suiza, Italia y los Estados Unidos.

Después de la interrupción ocasionada por la supresión francesa, la Congregación reanudó su vigoroso desarrollo y, para 1913, había veintiuna fundaciones en países extranjeros. Con el aumento constante de las vocaciones en Bélgica, Polonia y los Estados Unidos, el futuro del Instituto, bajo la providencia de Nuestra Señora, estaba asegurado.

Así, una vez más el bien vino del mal, y muchas comunidades religiosas que se vieron obligadas a abandonar Francia y establecerse en otros países, deben indirectamente su crecimiento espiritual y su prosperidad a la persecución. Así sucedió con los Misioneros de La Salette que, a principios de siglo, contaban con solo cincuenta miembros y estaban confinados principalmente en el sur de Francia, pero que hoy en día son casi mil religiosos, y están dispersos sobre la faz de la tierra. 25 países y en aumento.

Los Misioneros de La Salette en los Estados Unidos

Una medida incómoda tomada por el gobierno francés fue a su vez la ocasión providencial para que los Misioneros se establecieran en Norte América. Los Superiores sintieron que la Casa en Norte América debía establecerse no tan solo para que sirviera para asilar las vocaciones amenazadas en Francia pero sino también como centro de reclutamiento para la joven Congregación.

Padre Pierre Pajot (1890-1928) y Padre Joseph Vignon (1861-1912) partieron para Norte América

En conformidad a esto, dos fervorosos y experimentados Misioneros, Padre Pierre Pajot (1860-1928) y Joseph Vignon (1861-1912) partieron de la Montaña Santa, un 8 de junio de 1892, sesenta años atrás. Cierto es que ya en Norte América había llegado noticias sobre la Aparición mucho antes, pero ellos fueron los primeros en venir con el propósito primordial de esparcir sus enseñanzas y aplicarlas a las necesidades de los tiempos.

Navegaron por dos semanas desde Antwerp, Bélgica hasta llegar a Montreal, Canadá donde fueron calurosamente bienvenidos por el Arzobispo Ignacio Bourget (1840-1876) pero no se les otorgó una admisión permanente en la Arquidiócesis debido al gran número de órdenes religiosas ya establecidas en esa Sede. Por esta razón viajaron en tren a los Estados Unidos, aunque sabiendo que solo dominaban pocas palabras en inglés.

Entre los Obispos que ellos visitaron y solicitaron admisión fueron los de Ogdensbur, Syracuse, Albany, Nueva York, Brooklyn y Newark. Indiscutiblemente recibieron una bienvenida cordial en todos los lugares pero no así residencia permanente. Algunos Obispos los hubieran aceptados pero con condiciones que ellos no podían aceptar.

Salieron de Newark, bien decepcionados los dos viajeros pensaron en regresar a Montreal y visitar otras diócesis canadienses. Pero Dios tenía otros planes. Era el 9 de julio de 1892, Fiesta de Nuestra Señora de los Prodigios, cuando los Padres providencialmente hicieron una parada en Hartford, Connecticut. Después de celebrar la Misa en la Catedral conocieron al Rector y miembro del Consejo del Obispo, Padre William Harty. Este meritorio sacerdote le había prometido a la Santísima Virgen, establecer una Congregación religiosa en la Diócesis y preferiblemente un instituto con la devoción a la Virgen de los Dolores.

Dio la bienvenida a los dos sacerdotes como los mensajeros de la Virgen y pactó una entrevista con el Obispo Lawrence McMahon (1879-1893). Este mostró gran interés por los Misioneros pues había sido compañero de clases de Padre Sylvain-Marie Giraud, M.S. en el Seminario Mayor de Aix-en-Provence en el Sur de Francia y tenía una alta estima por él. Les aseguró amablemente su apoyo y, si las circunstancias lo permitían, la admisión en su diócesis.

A principios de agosto los dos Misioneros se encontraban en Montreal y no habiendo recibido noticias del Obispo de Hartford estaban decepcionados y con tristeza en sus corazones, por lo tanto, trazaron otros pasos para esa ciudad. Una entrevista con el Obispo McMahon de una vez, calmó sus dudas y aprensión y su sincera bienvenida les devolvió la confianza. Desde julio, le habían escrito varias cartas, que por alguna razón se habían extraviado.

El 11 de agosto se llevó a cabo una reunión del Consejo Episcopal y al día siguiente el Obispo McMahon les anunció a los dos sacerdotes que su Congregación había sido recibida en su diócesis. Más aún, el prelado de corazón generoso puso a disposición de ellos la Antigua residencia del Obispo en la Calle Collins. El 19 de septiembre de 1892 siendo aniversario de la Aparición, los dos Misioneros tomaron posesión de su nuevo hogar. Cierto es que estos comienzos implicaron dificultades inevitables pero que ellos aceptaron con ánimo y con el optimismo de poder lograr la expansión en esta nación joven y vigorosa.

Primer edificio del Seminario
de La Salette en Hartford, CT

En 1894 el Obispo Michael Tierney (1893-1908), quien fue el sucesor del Obispo McMahon, les asignó generosamente el cuidado de la Parroquia de Ntra. Señora de los Dolores en el área de Hartford que se conoce como Parkville. Los Misioneros pronto adquirieron un edificio grande de ladrillos rojos y cuatro pisos, para que sirviera de seminario y a su vez de residencia para ellos.

Unos cuantos años más tarde, se movieron hacia un Nuevo territorio de Misión al Noroeste de Canadá, donde los Obispos le asignaron parroquias esparcidas en las praderas de Saskatchewan, mientras otros navegaron hacia SaoPaolo y Río de Janeiro en Brasil y fundaron casas del Instituto que han disfrutado de un crecimiento increíble al pasar de los años.

En 1924 los Padres de La Salette establecieron su Seminario Mayor en

Altamont, N.Y. con el gentil apoyo y estímulo del Obispo Edmund Gibbons (1919-1954) de Albany.

Un año después (1925) se dedica solemnemente la magnífica Iglesia de Nuestra Señora de los Dolores ubicada en New Park Avenue en Hartford, Connecticut. La parroquia que ha crecido considerablemente desde entonces y que continúa prosperando bajo la dirección de los Misioneros de La Salette.

Al igual que otras órdenes religiosas, los Misioneros de La Salette han tenido diversidad de lenguajes entre sus miembros, lo que ha agradado a algunos Obispos el que ellos puedan llevar las necesidades espirituales de sus fieles en distintos idiomas como el francés, italiano, polaco, y lituanio. Además, surgió la necesidad de sacerdotes en el sureste de Estados Unidos. Así que se establecieron 35 parroquias y residencias en 11 estados entre Massachusetts y Texas.

Un Nuevo avance fue alcanzado en 1937 cuando se fundó la Misión en el extranjero de Arakan, Burma (Myanmar). Fue erigido como una Prefectura Apostólica por Roma en julio de 1940, con Akyab designado como el centro principal y a la que fue asignada el Mons. Thomas M. Newman, M.S. oriundo de Waterbury, Connecticut como su primer Prefecto Apostólico. Él fue el líder del grupo pionero y sufrió con ellos las vicisitudes de tres años de encarcelamiento en un campo de concentración japonés. Hoy esos valientes Misioneros de La Salette continúan con éxito evangelizando a seguidores del Budismo.

Para mantener el propósito esencial del Instituto, los Padres y Hermanos, desde su llegada a Harford, Connecticut, han predicado misiones y retiros atravéz de los estados de Nueva Inglaterra, en el Medio oeste y en el Sur. También y a manera de poder propagar más y más la devoción reverente a Ntra.Señora de La Salette, Reconciliadora de los Pecadores, los Misioneros han erigido imágenes de La Salette en todas sus residencies principales y en la mayor parte de las parroquias que están bajo su cuidado. Por muchos años, han ministrado en Santuarios de La Salette en Attleboro y Ipswich, Massachusetts; Altamon, New York: Enfield, New Hampshire and Jefferson City, Missouri.

Además, su ferviente labor misionera ha tenido como resultado fundaciones de La Salette en Brasil, Madagascar, Myanmar y en Filipinas.

De esta manera y por inspiración de Nuestra Dama, hay Misioneros de La Salette continuando el trabajo que iniciaron dos humildes misioneros franceses; Padre Pajot y Padre Vignon, quienes los obstáculos casi los llevan a perder la esperanza de comenzar la fundación de La Salette en Norte América.

Como Thomas Kempis escribió una vez: "el hombre propone pero Dios dispone"

Carta del Papa Pío XII

Al acercarnos al centenario memorable de la Aparición en 1946, Padre Etienne-Xavier Cruveiller, el Superior General de los Misioneros de La Salette, le escribió a SS Papa Pío XII, expresando su homenaje filial y de su Congregación y en vistas del centenario, solicitó una Bendición Apostólica para los miembros de su familia religiosa. En respuesta, él recibió una carta significativa y llena de gracia firmada por el Santo Padre personalmente. Por su referencia a la Aparición, es de interés particular citarla en su totalidad.

"A nuestro querido hijo, Padre Cruciller, Superior General del Instituto de los Misioneros de La Salette"

"Nuestra devoción hacia la Bendita Virgen María, a cuyo Inmaculado Corazón hemos consagrado la Iglesia y al mundo, lo que menos puede es regocijarse de las agradables perspectivas divulgadas en su carta a nosotros por el centenario de la Aparición de Nuestra Señora de La Salette, cuya investigación canónica instituida por las autoridades diocesanas al momento del evento resultaron en decisión favorable. Es fácil entender por qué su Familia de Religiosos cuya semilla fue sembrada por el Obispo Buillard, como recordatorio perpetuo de la misericordiosa Aparición de María, toman con un amor particular la celebración del Centenario de esa bendecida tarde del 19 de septiembre de 1846 cuando la Dama en Lágrimas como fue reportada, vino a suplicarles solemnemente a sus niños entrar en el

camino de la conversión a su divino hijo en reparación por todos los pecados que han ofendido a la eterna y augusta Majestad."

"El Comité Francés de Congresos Mariano han sido notificados también con la total aprobación de la asamblea de Cardenales y Arzobispos de Francia y el consentimiento de Nuestro Venerable Hermano Alexander Caillot, Obispo de Grenoble para llevar a cabo las sesiones en el Quinto Congreso de la Diócesis y que en la propia escena honrar lo que cien años atrás fue un regalo excepcional."

"Su Congregación, ha sido verdaderamente comisionada con la protección del Santuario de La Salette y la diseminación de la devoción a María Reconciliadora no puede ser un trabajo más eficaz para la realización de este magnífico Proyecto: y muy dispuestos de Nuestra parte expresarle los mejores deseos y apoyo paternal a los queridos Misioneros de Nuestra Señora de La Salette, en la confianza apreciada de que la Santísima Virgen María a cambio se complacerá en obtener para ellos gracias abundantes y consuelo por los frutos de sus múltiples ministerios llevados a cabo en las áreas de su Apostolado en los lugares más golpeados y lejanos."

No cabe ninguna duda de que la celebración de este Centenario contribuirá oportunamente a revivir el fervor espiritual para la rehabilitación de un mundo aún desubicado por los estragos de la Guerra y en particular por la restauración de nuestra amada Francia que luchará por hacerlo realidad más y más --Confiadamente tenemos la esperanza—el Reinado de María—para su propia fidelidad y completa prosperidad."

"Por lo tanto con todo nuestro corazón deseamos un éxito completo y sobrenatural al coronar esta observación jubilar y obtener las mejores recompensas en el cielo. Extendemos a ustedes y a sus Hijos, al igual que a todos los que han colaborado con estas solemnidades con sus oraciones, trabajo y generosidad, una bendición apostólica."

"Desde el Vaticano, el 8 de octubre de 1945. Papa Pio XII"

Capítulo 15: La Salette Hoy

Nuestra Señora de la Misión

En un momento, el nombre poco conocido "La Salette" designaba solo una aldea en el sur de Francia, donde unos pocos campesinos vivían sus vidas simples. Hoy, con el paso del tiempo, ese nombre es ahora una llamada sonora, que se extiende hasta los confines del mundo, y llama a las personas, laicas y religiosas, a reconciliarse con Dios, con ellos mismos y con los demás.

Hoy, el mensaje perdurable de Nuestra Señora de La Salette ya se ha arraigado en los continentes de América del Norte y del Sur, Europa, África, Asia y Australia. Desde mil púlpitos su mensaje de penitencia, oración y fervor se proclaman con elocuencia, y cientos de miles de fieles expresan su devoción a María, Reconciliadora de los pecadores, y su mensaje está destinado a ser llevado a toda su gente.

La Autenticidad es Revisada

Al recordar hoy todos los detalles de esa Aparición y reflexionar sobre el mensaje de Nuestra Señora, debemos asombrarnos de la oposición suscitada por este singular gesto de misericordia por parte de la Madre de Dios. Incluso después de que el cielo hubiera hablado a través de muchos milagros, se pudo investigar y aprobar canónicamente; Incluso después de que el Obispo de la Diócesis de Grenoble, después de consultar con Roma, había proclamado, después de cinco largos años de investigación, que el Evento de La Salette era "indudable y cierto", hubo quienes aún resistieron y dudaron de la bondad y la misericordia de Dios.

Nosotros, los humanos, a menudo tardamos mucho en reconocer y admitir el impacto de lo sobrenatural en nuestra vida personal de fe. Y sin embargo, el toque de Dios, a través de la compasiva visita de Nuestra Señora Misericordiosa en La Salette, es tan poderoso y está presente para que todos lo vean y lo tomen en serio.

Dios a menudo ha elegido una montaña para manifestar su voluntad al pueblo de Dios: Sinaí, donde dio los Diez Mandamientos; Tabor, donde Cristo reveló su gloria. Fue en un monte donde predicó el sermón más poderoso que el mundo haya escuchado; Fue en el Monte del Calvario que dio pruebas de ese gran amor, cuando su único Hijo dio su vida por nosotros, sus amigos.

Luego hubo la elección de dos niños inocentes como testigos del milagro de la gloria. En este punto, el entonces Arzobispo Richard Cushing (1895-1970) de Boston, en un brillante homenaje a la Virgen de la Salette escrito hace años para el centenario de 1946, observó:

Arzobispo Richard Cushing (1895-1970) de Boston era un buen amigo del Santuario de La Salette en Ipswich, MA

"Dos cosas siempre me han impresionado sobre las apariciones de Nuestra Santísima Madre, ya sea en Lourdes, en Fátima, en La Salette o en cualquier otro lugar. La primera es que la Reina del Cielo parece casi invariablemente, al menos en nuestros tiempos, elegir niños pequeños como los emisarios que transmiten sus mensajes a su gente. En Lourdes fue a una niña, reuniendo leña con sus compañeros, que apareció Nuestra Señora. Para un grupo de niños portugueses que jugaban en los campos, Nuestra Señora de Fátima hizo sus históricas y sorprendentes revelaciones.

"Nuevamente, fue a dos pequeños a quienes Nuestra Señora de La Salette dio su advertencia desde lo alto. . . en la Diócesis de Greno-

164

ble. Parece extraño que en una generación que confía tanto en los diplomáticos, en los generales y en los sabios del mundo, que sean los niños pequeños los que la Madre de Dios elige, por así decirlo, como sus confidentes".

Cierto, *"sino que Dios ha escogido lo necio del mundo, para avergonzar a los sabios"* (1 Corintios 1:27) y *"Jesús... dijo: Dejad que los niños vengan a mí, y no se lo impidan, porque de los que son como éstos es el reino de Dios"* (Lucas 18:16).

En cuanto al discurso de la Bella Dama, basta con reflexionar sobre él, para estar convencido del origen celestial de la Aparición. Este discurso es tan profundo y sublime en el pensamiento, tan bien adaptado a las heridas morales de nuestro tiempo, y tiene una impresión tan sobrenatural de inspiración que a los ojos del sabio Obispo Ginoulhiac de Grenoble, más tarde Arzobispo de Lyon, sustenta en sí mismo la prueba evidente del origen divino de este Evento.

En palabras simples pero gráficas, los males de "toda su gente" están vívidamente retratados; En un lenguaje inconfundible, que recuerda a la Sagrada Escritura, se arroja en todo el mundo con un audaz alivio el desafío del cristianismo, para que todos lo vean y escuchen. Este mensaje de la Madre de Dios no es una nueva revelación; no añade nuevas obligaciones; Es el cristianismo fundamental, recordándonos las prácticas tradicionales de la vida cristiana: la sumisión a Dios, la necesidad de oración y la penitencia, la lealtad a la Iglesia. Es solo una nueva manifestación del amor maternal de María por nosotros.

Verdaderamente, toda la Aparición en cada uno de sus detalles está en perfecta conformidad con las enseñanzas más sólidas de Mariología, en total acuerdo con las tradiciones de la Iglesia sobre el papel que María desempeña como Reconciliadora de los pecadores, una víctima que se encuentra entre la gente pecadora y el juicio de Dios, María sigue en su rol sacrificial como misericordiosa Madre de la Iglesia.

Hoy, nuevamente, al recordar el registro de estos años desde que apareció en La Salette, sabemos que esta fue verdaderamente la obra de Dios: "todo árbol bueno da frutos buenos" (Mateo 7: 17a). Y los registros nos cuentan de la abundancia de frutos de esta devoción a Nuestra Señora de La Salette, de los milagros fundidos en el cuerpo y de los milagros más grandes de las almas con cicatrices de pecado convertidas a Dios, de los santuarios e iglesias esparcidas por todo el mundo, donde los corazones cansados encuentran la paz y la comodidad a los pies de la Madre Llorosa, donde la fe se enciende y la esperanza florece nuevamente de las cenizas del sufrimiento humano.

Los registros nos hablan de los Padres Misioneros, las Hermanas y los Hermanos de La Salette que trabajan en todas partes en la viña del Señor para que este mensaje pueda ser "conocido por toda su gente" ¿Qué registros humanos podrán narrar las innumerables oraciones, sacrificios, obras fervorosas; de las ocultas y humildes vidas de reparación que remontan su origen al lugar de encuentro de dos niños con la propia Madre de Dios?

Y así hemos alzado nuestra voz en este himno de alabanza a Nuestra Señora y nos hemos esforzado por relatar la gran obra que ha realizado para fomentar y aumentar el espíritu de oración y penitencia en un mundo que lamentablemente necesita estas prácticas saludables. La Iglesia y el mundo son verdaderamente más ricos hoy en día por la inspiración que esta Aparición ha dado a las vidas que optan vivir en unión con la Virgen, Reconciliadora de los pecadores y su Hijo, Jesucristo. Pero esta historia debería ser algo más para cada uno de nosotros que una retrospectiva agradecida.

Ahora más que nunca, las personas necesitan el mensaje inspirador y la misión de La Salette. Miramos a un mundo de hoy que parece estar convulsionado contra toda autoridad, humana y divina. Los principios cristianos que una vez gobernaron nuestras vidas y fomentaron la obediencia, la modestia y el respeto, han sido repudiados como anticuados. En toda fase de la actividad humana, en el hogar, en los negocios, en nuestra vida nacional, en la ruptura alarmante del vínculo matrimonial y de la vida familiar, todo esto parece sin paralelo en los dos mil años de cristianismo.

De ahí que las palabras de apertura del discurso de Nuestra Señora suenen como una advertencia tan urgente hoy como lo hicieron en esa Montaña Santa hace muchos años: *"Si mi pueblo no quiere someterse* me veré obligada a soltar el brazo de mi Hijo". Sí, sus lágrimas todavía fluyen, su obra de intercesión misericordiosa aún continúa por un mundo a menudo despreocupado. ¿Qué, entonces, nos pide a cada uno de nosotros? Ella aboga por nuestra conversión, y en su suave camino maternal nos insta a todos a llevar vidas de oración, penitencia y reconciliación.

La Penitencia se cumple con el Camino hacia la Paz

"El otro punto a destacar sobre estas apariciones de la Santísima Madre", continúa entonces el Arzobispo Cushing, *"tan ampliamente separado en el tiempo y en el lugar, es el énfasis en todas ellas sobre la necesidad de la penitencia como preludio de la paz. A los cristianos en La Salette se les advirtió que les vendrían terribles castigos si perseveraban en los males tan flagrantes que había entre la gente y las naciones en ese momento, se les prometió una misericordia divina si enmendaban sus vidas.*

"Otros consejos prevalecieron; los libre pensadores se burlaron del mensaje de los niños y respaldaron las fórmulas "liberales" y "revolucionarias" de la hora. La cosecha es muy familiar. Los cristianos fueron advertidos nuevamente en Lourdes y, nuevamente, esta vez aún más específicamente, en Fátima. Los resultados del repudio persistente de estos mensajes del Cielo todavía se están haciendo temerosos.

"El mensaje siempre es esencialmente el mismo: las raíces de los males en el mundo son morales. No pueden ser curados por maquinaciones, ciencia o reformas sociales superficiales; La penitencia es necesaria y debe ser seguida por la conversión de nuestras vidas. Solo Cristo puede lograr la reforma de nuestras vidas e incluso él no puede hacer su voluntad a menos que cooperemos. Su Madre es nuestra Abogada mientras nos arrepentimos; y 'si se convierten. . .", Las recompensas vendrán a nosotros en abundancia".

La celebración del centenario de la Aparición de 1946 inspiró a otro gran homenaje a Nuestra Señora de la Salette y sus Misioneros, que cerrarán este breve relato de su memorable visita y su alcance hasta nuestros días. Es de la autoría de Francis Cardinal Spellman, Arzobispo de Nueva York.

Mensaje del Centenario por el Cardenal Francis Spellman (1889-1967)

"Es con profunda gratitud a Dios por su recuerdo de misericordias que ofrezco esta oración de agradecimiento y alabanza por el trabajo de los hijos del Obispo de Bruillard con motivo del Centenario de la Aparición de Nuestra Señora en La Salette. Por casi un siglo sus labores han sido un memorial de la misericordiosa aparición de María, que fue la inspiración para la fundación de su congregación.

"Durante estos años, se han esforzado por acelerar los corazones de las personas

Cardenal Francis Spellman (1889-1967)
para el Centenario de La Salette en 1946

con el mensaje de la Dama en Lágrimas y así ayudarnos a traer a Dios a nosotros y a nosotros de vuelta a Dios. En regiones remotas, así como en nuestra propia patria, han predicado esta visión y la misión de la Madre de Dios, y sus celosos esfuerzos han acelerado el día en que el reinado de María alcanzará las fronteras del mundo, dando gloria a Dios y devolviendo almas a Dios.

"El mundo necesita esta visión y misión de María, porque hoy el "misterio de la iniquidad" ensombrece la tierra, embota el sentido del pecado en las mentes humanas y endurece nuestros corazones a la realidad de la gloria y el amor de Dios. Y si no fuera por los milagros como la aparición de María en La Salette y otros milagros de gracia "después de eso, uno podría concluir que nuevamente" le

pesó al Señor haber hecho al hombre en la tierra, y la tristeza en su corazón"(Génesis 6: 6).

"A los hijos de la Virgen de La Salette se les da una gran confianza, la vocación de vivir y predicar el mensaje de María a un mundo negligente y olvidadizo, convirtiendo a las personas de nuevo en Dios. Sus vidas, sus obras y sus oraciones hacen que los ojos del mundo giren hacia María para que todo el pueblo de Dios pueda aprender el mensaje de sus caminos, los caminos que conducen a la misericordia de Dios y la paz duradera".

Que los Misioneros de La Salette al mirar hacia atrás a su fundador el Obispo de Bruillard y sus logros en la misión de reconciliación, sean Jesús y su Santa Madre quienes los ayuden a *"gozándoos en la esperanza, perseverando en el sufrimiento, dedicados a la oración"* (Romanos 12:12), para que el mensaje de amor y misericordia de María pueda ser llevado un día a toda su gente.

Bibliografía

En inglés:

Ladouceur, Emile, M.S., *The Abbé Jots It Down*, 1946, ibidem.

Ullathome, Most Rev. William, O.S.B., Archbishop of Birmingham, England. *The Holy Mountain of La Salette*, 10th edition, La Salette Seminary, Ipswich, MA.

Windeatt, Mary Fabyan, *The Children of La Salette*, Grail Publications, St. Meinrad, Ind, 1951.

En francés:

Bernoville, Gaetan. *La Salette*, Editions Albin Michel. Paris, 1946.

Hostachy, Victor, M.S., *Histoire Seculaire de La Salette*, Editions de la Revue des Alpes, Grenoble, 1946.

Jaouen, Jean, M.S., *La Grace de La Salette*, Editions du Cerf, Paris, 1946.

Apéndice: Oraciones de La Salette

Oración A Nuestra Señora De La Salette

Acuérdate, Nuestra Señora de La Salette/
de las lágrimas que has derramado por nosotros/ en el calvario/.
Acuérdate también del cuidado/ que tienes siempre por tu pueblo/,
para que, en nombre de Cristo/, se deje reconciliar con Dios/.
Y mira si después de tanto haber hecho por tus hijos/
¿podrías acaso abandonarlos?/
Reconfortados por tu ternura, oh Madre/,
aquí nos tienes suplicándote/ a pesar de nuestras infidelidades e
ingratitudes/.

Confiamos plenamente en ti, oh Virgen Reconciliadora/.
Haz que nuestro corazón vuelva hacia tu Hijo/.
Alcánzanos la gracia de amar a Jesús por encima de todo/
y de consolarte a ti con una vida de entrega/
para la gloria de Dios y el amor a nuestros hermanos/. Amén./

Consagración a Nuestra Señora de La Salette

O Bella Señora, un amor de madre te trajo
a la montaña de La Salette,/
Allí lloraste amargamente por mí y por el mundo./
Mírame hoy que me consagro a ti sin reserva./
Desde ahora, mi alegría será en saber que soy tu hijo./

Quiero consolar tu corazón y acabar con tus lágrimas./
Contigo, pongo mi vida al servicio de la Reconciliación./
Encomiendo a tu protección maternal todo mi ser/
toda mi esperanza y alegría, todo obstáculo y dolor./
Te ofrezco toda mi vida hasta sus últimos momentos./

Te pido que guíes mis pasos en el camino del Evangelio./
Que mi vida sea una labor profética que "derrumbe a los

injustos de sus tronos y eleve a los humildes."/
Así, respaldado por Tí, avanzaré con entusiasmo y sin miedos/
en el camino de servicio indicado por ti y por tu Hijo. Amén. /

Jaculatoria

Nuestra Señora de La Salette, Reconciliadora de los pecadores, ruega
siempre por nosotros que recurrimos a ti.

Made in the USA
Middletown, DE
26 September 2024

61408605R00099